Lutz Becker/Andreas Lukas (Hrsg.)

Effizienz im Marketing

Edition GABLERS MAGAZIN

K.-H. Becker / G. Lamprecht

**Einführung in die
Programmiersprache
PASCAL**

Karl-Heinz Becker
Günther Lamprecht

Einführung in die Programmiersprache PASCAL

3., durchgesehene Auflage

Friedr. Vieweg & Sohn   Braunschweig/Wiesbaden

1. Auflage 1982
2., durchgesehene Auflage 1984
3., durchgesehene Auflage 1986

ISBN 978-3-528-23346-4   ISBN 978-3-322-84247-3 (eBook)
DOI 10.1007/978-3-322-84247-3

Vorwort

Ursprünglich war die Programmiersprache PASCAL von N. Wirth, Zürich, zwar nicht für Kleinrechner entwickelt worden, doch beruht ihre heutige Verbreitung auf ihrer Verwendung in Kleinrechnern. So ist man als Anwender geneigt, manche Einschränkung im Vergleich zu anderen Programmiersprachen, die nur auf Großrechnern einsetzbar sind, in Kauf zu nehmen. Auf der anderen Seite besitzt die Programmiersprache PASCAL eine Reihe interessanter Sprachelemente, die in dieser Art erstmals mit ihr auf Kleinrechnern verfügbar wurden.

Das vorliegende Buch will den späteren Anwender mit einer großen Zahl von Beispielaufgaben und Lösungen an die Sprache und ihren Einsatz heranführen. Obwohl es als „Einführung" gedacht ist, werden praktisch alle Elemente der Sprache behandelt, und es werden viele Hinweise auf Fehlermöglichkeiten beim Programmieren in PASCAL gegeben.

Frau U. Kleinschmidt möchten wir an dieser Stelle für ihre Sorgfalt beim Schreiben der Druckvorlage danken.

Bremen, im Oktober 1981

Karl-Heinz Becker
Günther Lamprecht

Inhaltsverzeichnis

1 Einleitung

Die technische Entwicklung hat es mit sich gebracht, daß man heute wegen der
Kleinheit der Bauelemente leistungsfähige Rechner mit einem beachtlichen Arbeitsspeicher sowie einem Hintergrundspeicher (z.B. Disketten) in einem Datensichtgerät integrieren kann. Ein solches System hat folgenden prinzipiellen Aufbau:

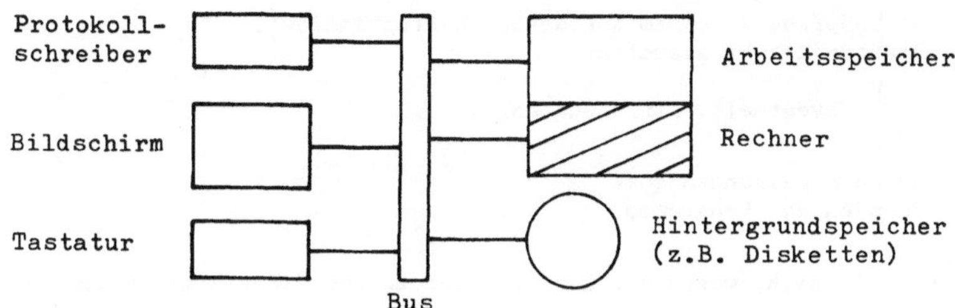

Die Tätigkeit an dem Rechnersystem vollzieht sich in folgender Weise:
Über die Tastatur, die einer Schreibmaschinentastatur ähnlich ist, gibt man
die Folge von Anweisungen Zeichen für Zeichen und Zeile für Zeile ein. Zur
Sichtkontrolle wird die Eingabe auf dem Bildschirm ausgegeben. Der Bildschirm
ist einem Fernsehgerät vergleichbar, auf dem die Ausgabe in 24 Zeilen a'
8o Spalten angezeigt wird. Darstellbar sind in der Regel Groß- und Kleinbuch-
staben, die Ziffern sowie eine Reihe von Sonderzeichen.

Parallel zu der Anzeige auf dem Bildschirm werden alle Zeichen im Arbeitsspeicher abgelegt. Hier werden die eingegebenen Anweisungen von einem vorgegebenen Programm[+] interpretiert und - zu einem späteren Zeitpunkt eventuell
ausgeführt. Entdeckte Fehler werden von dem vorgegebenen Programm auf dem
Bildschirm gekennzeichnet.

Je nach Wahl des Programms kann man die eingegebenen Anweisungen auf dem
Hintergrundspeicher auslagern und für spätere Programmaufrufe "konservieren".

Auf Grund der einfachen Struktur der Programmiersprache PASCAL sind für sehr
viele Kleinrechner PASCAL-Compiler[++] vorhanden. Damit ist es möglich,
PASCAL-Programme auf einem Kleinrechner ausführen zu lassen, solange sie
bezüglich Speicheranforderung bzw. Anforderung an Rechenzeit den gegebenen
Leistungsrahmen nicht sprengen.

Jedes PASCAL-Programm ist durch besondere Anweisungen in eine bestimmte Umgebung einzufügen. Diese Anweisungen sehen für jedes Rechnersystem anders aus,
haben aber folgende prinzipielle Funktion:

[+] Hier kann man sich den Text-Editor, den PASCAL-Compiler, andere Dienst-
programme oder eigené, früher entwickelte Programme vorstellen.

[++] Unter einem Compiler versteht man ein vorgegebenes Programm, das die (PASCAL-)
Anweisungen in Befehle übersetzt, die das Rechnersystem unmittelbar ausführen
kann.

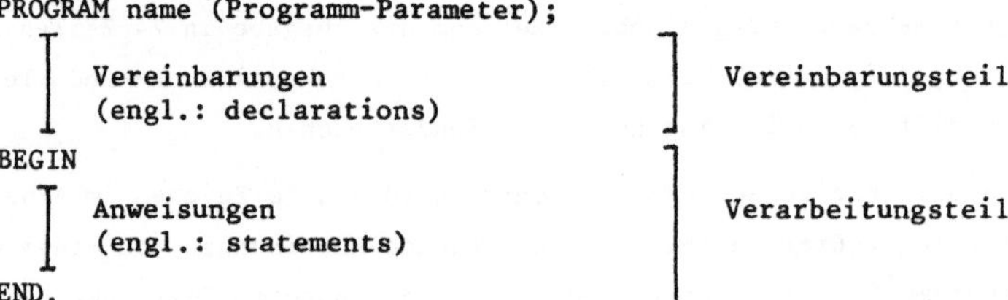

Anforderung von Betriebsmitteln
(Größe der Bereiche im Arbeitsspeicher bzw. Hintergrundspeicher,
Bedarf an Rechenzeit, Bedarf an Druckzeilen)

Aufruf des PASCAL-Compilers

PASCAL-Programm

Verknüpfung zu einem ausführbaren Programmlauf,
Starten des Programmlaufs

eventuell: Eingabedaten

Steueranweisungen zum
Beenden des Programms

Es empfiehlt sich, wegen der Einzelheiten zu den Steueranweisungen für die
Einbettung und Ausführung des PASCAL-Programms einen erfahrenen Programmierer
um Rat zu fragen. Hier sollen im Folgenden die Anweisungen innerhalb des
PASCAL-Programms angegeben und erläutert werden.

Jedes PASCAL-Programm besitzt die folgende Struktur:

PROGRAM name (Programm-Parameter);

    Vereinbarungen   Vereinbarungsteil
    (engl.: declarations)

BEGIN

    Anweisungen   Verarbeitungsteil
    (engl.: statements)

END.

Nach dem Schlüsselwort PROGRAM gibt man einen Namen für das Programm an, was oben
durch "name" angedeutet wurde. Der Programm-Name kann vom Programmierer frei gewählt werden, wobei die folgende Regel zu beachten ist:

Das erste Zeichen muß ein Buchstabe sein, dann dürfen sich Buchstaben
und Ziffern in beliebiger Reihenfolge und Anzahl anschließen[+)].

Als letztes kann man in der PROGRAM-Anweisung noch sogenannte Programm-Parameter
angeben. Sie werden bei einigen Rechenanlagen dazu benutzt, das von uns entwickelte
Programm in eine entsprechende "Umgebung" einzufügen, die die Übersetzung und
anschließende Ausführung des Programms ermöglicht.

Bei einigen Rechenanlagen wird die Umgebung - wie oben angedeutet - durch
entsprechende Steuerkarten geschaffen, dann benötigt man keinerlei Programm-
Parameter und hat lediglich

____

[+)]Die Beliebigkeit der Zeichenanzahl ist rein theoretisch, da es in allen Rechnersystemen Beschränkungen gibt: In der Regel werden nur die ersten 8 Zeichen zur
Unterscheidung von Namen herangezogen.

```
PROGRAM name;
```

anzugeben. Bei anderen Rechenanlagen sind die Schlüsselwörter INPUT und OUTPUT als Programm-Parameter erforderlich, so daß man zu schreiben hat:[+]

```
PROGRAM name (INPUT, OUTPUT);
```

Weitere Programm-Parameter können in Spezialfällen erforderlich werden.

Nach der PROGRAM-Anweisung, die den Anfang eines PASCAL-Programms angibt, sind alle später zu benutzende Größen, wie

- Marken und Konstanten,
- Variable
- Felder und Strukturen sowie
- Unterprogramme

zu vereinbaren (zu "deklarieren")[++]. Neben der Festlegung von Namen geschieht hierbei die Reservierung von Speicherplätzen und die Vereinbarung des zugehörigen Typs. Im Falle von Unterprogrammen wird zusätzlich der Algorithmus - z.B. zur Berechnung eines Funktionswertes - angegeben.

Zwischen den Schlüsselwörtern BEGIN und END. (mit Dezimalpunkt als Symbol für das Ende des Programms) sind alle Anweisungen anzugeben, die den Verarbeitungsteil des Programms ausmachen. Zu den Anweisungen ("Befehlen", engl.: "statements") zählen zum Beispiel:

- Berechnung von Ausdrücken und Zuweisungen der Ergebnisse
  an zuvor deklarierte Größen,
- Aufrufe von Unterprogrammen,
- Bearbeitung von Daten sowie
- Zugriff auf Dateien.

In den nachfolgenden Kapiteln wollen wir beschreiben, welche Größen wir in einem PASCAL-Programm deklarieren müssen, und wie die entsprechenden Vereinbarungen aussehen. Außerdem sollen die Anweisungen aus dem Verarbeitungsteil eines Programms erläutert werden sowie das Zusammenspiel der Deklaration von einzelnen Größen und deren späterer Benutzung in entsprechenden Anweisungen. Dies soll schrittweise an Hand einfacher Aufgabenstellungen geschehen.

[+] Hierdurch werden die "Karten"eingabe (INPUT) und die Druckerausgabe (OUTPUT) als Dateien zugeordnet.

[++] Um den PASCAL-Compiler möglichst einfach zu halten und um die Übersetzung auch auf Kleinrechnern zu ermöglichen, sind die "Deklarationen" in einer fest vorgegebenen Reihenfolge vorzunehmen. Siehe Syntax-Diagramm, Seite 148.

2 Variablendeklaration, arithmetische Ausdrücke und vorgegebene Funktionen

<u>Beispiel 2.1</u> (Lösung Seite 96)

Wir wollen näherungsweise die Oberfläche der Erde berechnen. Dabei stehen uns folgende Werte bzw. Formeln zur Verfügung:

1) Oberfläche F einer Kugel: $F = 4 \pi r^2$

2) Erdradius r (am Äquator): $r = 6378388$ m

3) Konstante π : $\pi = 3,14159265358979...$

Das PASCAL-Programm wird angegeben und anschließend erläutert:

```
PROGRAM OBERFLAECHE(INPUT,OUTPUT);
    VAR R,PI,F : REAL;                        ] Vereinbarungsteil
BEGIN
    R   := 6378.388;
    PI  := 3.14159265358979;
    F   := 4*PI*R*R;                            Verarbeitungsteil
    WRITE(R,F);
    WRITELN;
END.
```

Die äußere Form eines PASCAL-Programms kann man weitgehend nach eigenen Vorstellungen gestalten: so ist es möglich, die Anweisungen - wie oben angegeben - untereinander aufzuführen, um das Programm für den menschlichen Leser möglichst übersichtlich zu gestalten. Erlaubt wäre es aber auch gewesen, alle Anweisungen unmittelbar hintereinander anzugeben:

Durch das Semikolon (;) am Ende einer jeden Anweisung kann der PASCAL-Compiler die einzelnen Anweisungen voneinander trennen. Man muß lediglich darauf achten, daß keine Schlüsselwörter und Namen aneinanderstoßen, da sich sonst ein neuer Begriff bilden könnte.[+]

Der Programm-Name ist von uns mit "OBERFLAECHE" festgelegt. Dies geschieht - wie im vorausgehenden Abschnitt 1 erläutert - durch die erste Zeile des Programms:

    PROGRAM OBERFLAECHE(INPUT,OUTPUT);

Die Programm-Parameter INPUT und OUTPUT verknüpfen unser Programm mit entsprechenden Ein- und Ausgabe-Dateien (siehe Seite 78).

Durch die anschließende Deklaration

    VAR R,PI,F : REAL;

werden drei Variable vereinbart, die die Namen R, PI und F - von uns gewählt -[++] erhalten und für die wir den Typ REAL festlegen.

[+] Im Anhang, Seite 155, haben wir einige Regeln formuliert, an die man sich beim Schreiben eines Programms halten sollte: Je übersichtlicher ein Programm gestaltet wird, desto leichter sind Programmierfehler zu finden und desto leichter lassen sich spätere Programmänderungen durchführen.

[++] Für die Vergabe von Variablen-Namen gilt dieselbe Regel wie für die Vergabe des Programm-Namens (vgl. Seite 2).

Unter einer Variablen versteht man einen Speicherplatz im Arbeitsspeicher,
auf den durch den jeweils festgelegten Namen zugegriffen werden kann, und
der im Verlauf der Programmausführung verschiedene Werte eines bestimmten
Typs aufnehmen soll. Die Deklaration von Variablen wird eingeleitet durch
das Schlüsselwort VAR, dem die Liste der Variablen folgt. Die Liste wird
von der nachfolgenden Typ-Angabe durch einen Doppelpunkt (:) getrennt.

Die Typ-Angabe REAL legt fest, daß die vereinbarten Variablen - in unserem
Beispiel die drei Variablen R, PI und F - reellwertige Zahlen aufnehmen
sollen. Gleichzeitig ist damit die interne Zahlendarstellung für die Speicherplätze festgelegt und auf diese Weise sowohl die Genauigkeit als auch der
Bereich der speicherbaren Zahlen.[+)]

Neben der Speicherungsform mit dem Typ REAL gibt es die Möglichkeit, in Variablen
nur ganze Zahlen (negative und positive ganze Zahlen sowie die Zahl 0) zu
speichern. Für sie ist in der Variablendeklaration im Anschluß an die Liste
der Variablen-Namen durch einen Doppelpunkt getrennt das Schlüsselwort INTEGER
anzugeben.

Nun gibt es neben den beiden gerade beschriebenen Möglichkeiten zur Speicherung
von Zahlen noch weitere Typfestlegungen, die wir später kennenlernen werden
(z.B. Variable zur Verarbeitung von Zeichen, vgl. Seite 38). Wenn man diese
zusätzlichen Möglichkeiten mit einbezieht, hat die Variablendeklaration
folgende allgemeine Form:

```
VAR variablen_liste_1 : typ_1;
    variablen_liste_2 : typ_2;
        ...
    variablen_liste_m : typ_m;
```

Dabei steht "variablen_liste_μ" für das jeweils durch Komma getrennte Aufzählen aller Variablen-Namen, die den Typ erhalten sollen, der im Anschluß an
die Liste angegeben ist; oben angedeutet durch "typ_μ".

Diese gerade erläuterte allgemeine Form der Variablendeklaration kann man
noch auf andere Weise verdeutlichen: Man verwendet hierzu ein sogenanntes
Syntax-Diagramm, das den verwendeten Begriff in einer Darstellung angibt, die
einem Flußdiagramm vergleichbar ist. So können wir die obige Variablendeklaration folgendermaßen als Syntax-Diagramm darstellen:

Variablendeklaration

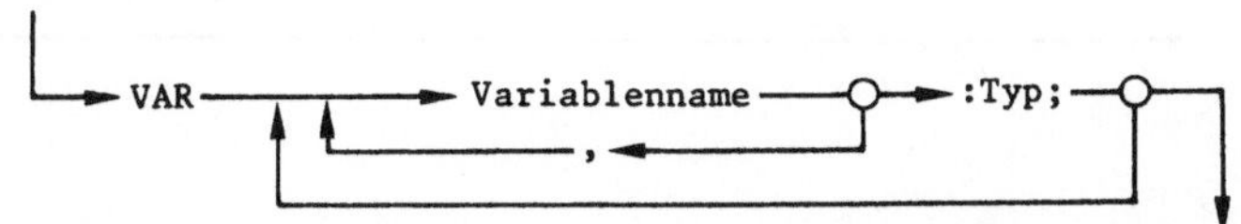

[+)]Die interne Zahlendarstellung ist bei den einzelnen Rechnersystemen unterschiedlich und dementsprechend die Rechengenauigkeit. Die Prinzipien der Speicherungsform sind im Anhang, Seite 146, dargestellt.

Indem wir die angegebenen Wege in der Pfeilrichtung durchlaufen und dabei auch die Nebenwege an den Verzweigungspunkten beschreiten, kommen wir an Hand des Syntax-Diagramms genau zu der oben angedeuteten allgemeinen Form der Variablendeklaration. Natürlich ist hierbei noch zu beschreiben, was unter den Begriffen

"Variablen-Name" und "Typ"

zu verstehen ist. Dies kann man ebenfalls durch ein Syntax-Diagramm festlegen:

Variablenname

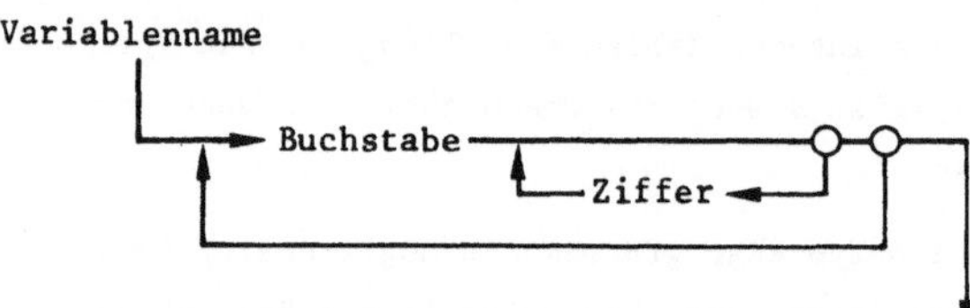

Dabei wird jetzt vorausgesetzt, daß bekannt ist, was ein "Buchstabe" und was eine "Ziffer" ist, oder diese Begriffe werden in weiteren Syntax-Diagrammen erläutert.

Für "Typ" haben wir bisher die Wörter INTEGER und REAL kennengelernt, die man folgendermaßen im Syntax-Diagramm einsetzen kann:[+)]

Typ

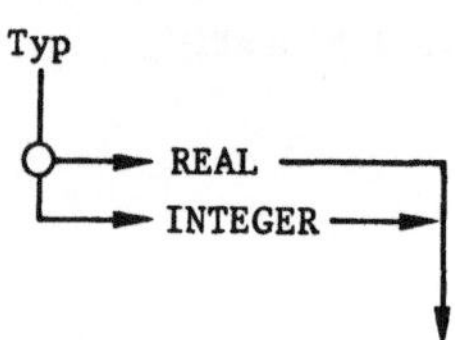

In der Gestaltung der Syntax-Diagramme sind wir völlig frei. Wir müssen lediglich sicherstellen, daß mit dem Durchlaufen aller Wege in Pfeilrichtung die erlaubten allgemeinen Formen der Sprachelemente von PASCAL wiedergegebenen werden. So hätten wir zum Beispiel für die Variablendeklaration auch zusammenfassen können:[+)]

Variablendeklaration

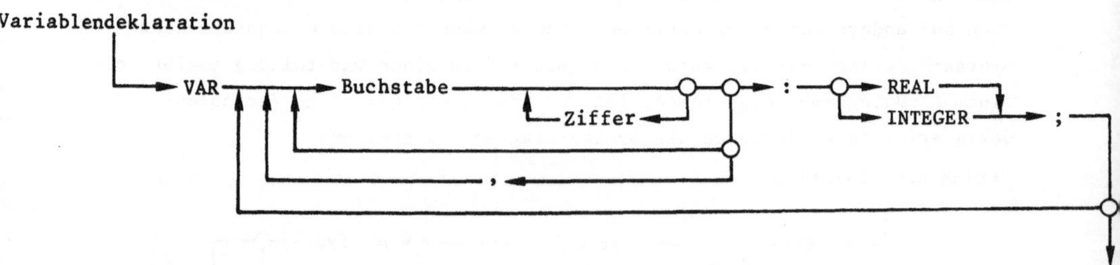

____

[+)]Da es neben REAL und INTEGER weitere Typ-Festlegungen gibt, ist das Syntax-Diagramm nicht vollständig.

In dem Verarbeitungsteil des Beispielprogramms wird als erstes der Variablen R ein Wert zugewiesen durch das Statement ("Wertzuweisung")[+)]

    R := 6378.388;

Auf der linken Seite des Zuweisungszeichens (:=) wird der Name der Variablen angegeben, die den Wert auf der rechten Seite zugewiesen bekommen soll. Dies braucht nicht, wie bei den Zuweisungen an die Variable R und danach an die Variable PI, ein konstanter Wert zu sein. Auf der rechten Seite des Zuweisungszeichens darf ein arithmetischer Ausdruck angegeben werden.

Unter einem arihmetischen Ausdruck versteht man eine Berechnungsvorschrift, nach der aus Konstanten, Variablen und den später zu erläuternden Funktionsaufrufen als den Operanden ein arithmetischer Wert zu bestimmen ist. Dabei werden je zwei Operanden durch einen Operator (für die Addition, Subtraktion, Multiplikation und Division) miteinander verbunden.

So wird durch die Anweisung

    F := 4 * PI * R * R;

auf der rechten Seite des Zuweisungszeichens ein Wert ermittelt, der ungefähr bei $4*3*6400*6400 \sim 480 \cdot 10^6$ liegen muß,[++)] und der dann der Variablen F zugewiesen wird.

Es sind folgende arithmetische Operationen in PASCAL vorgesehen:

Bedeutung	Operator	Operation	Ergebnis Typ	Wert
Addition	+	a + b m + n	REAL INTEGER	a + b m + n
Subtraktion	−	a − b m − n	REAL INTEGER	a − b m − n
Multiplikation	*	a * b m * n	REAL INTEGER	a * b m * n
Division	/	a / b m / n	REAL	$\frac{a}{b}$ $\frac{m}{n}$
INTEGER-Division	DIV	m DIV n	INTEGER	$\left[\frac{m}{n}\right]$ für m,n positiv[+++)]
Modulo	MOD	m MOD n	INTEGER	m − (m DIV n) * n

(n und m sollen für Größen vom Typ INTEGER stehen und a und b für ·Größen, die den Typ REAL oder INTEGER besitzen, nicht jedoch beide gleichzeitig den Typ INTEGER).

[+)] Statt des Dezimal-Kommas muß der in angelsächsischen Ländern übliche Dezimalpunkt eingegeben werden. Mit diesem Wert wird die Oberfläche der Erde in der Maßeinheit "qkm" berechnet.

[++)] Allgemein empfiehlt sich eine Überschlagsrechnung, um den im Programm berechneten Wert der Größenordnung nach zu überprüfen.

[+++)] Das Ergebnis ist die größte ganze Zahl, die kleiner oder gleich $\frac{m}{n}$ ist. Falls die Größen m oder n negativ sind, ist das Ergebnis nach der Sprachdefinition von PASCAL nicht eindeutig festgelegt, es hängt ab vom jeweils benutzten Compiler.

Die Operationen haben die folgende Prioritätsabstufung:

hohe Priorität	$*$ / DIV MOD
niedrige Priorität	$+$ $-$

Dabei ist die Priorität innerhalb einer Stufe gleich.

Ein arithmetischer Ausdruck wird in der Weise aufgelöst, daß jeweils zwei benachbarte Operanden zu einem Zwischenergebnis zusammengefaßt werden. Welche Operanden als erste betrachtet werden, hängt von der Prioritätsstufe der beteiligten Operatoren ab. Sind die Operatoren von gleicher Stufe, wird der arithmetische Ausdruck "von links nach rechts" bearbeitet. Will man von der vorgegebenen Prioritätenregelung abweichen, so muß man entsprechende Klammerpaare setzen. Hierzu dienen die Zeichen "(" für "Klammer auf" und ")" für "Klammer zu".

Man beachte, daß in der Programmiersprache PASCAL kein Operator für die Potenzierung bzw. die Exponentation vorgesehen ist. Man muß deshalb die Potenzierung auf wiederholte Multiplikationen zurückführen, wie das im Beispiel 2.1 für die Berechnung der Oberfläche F bereits mit der Anweisung

```
F := 4 * PI * R * R;
```

geschehen ist.

Ist die Hochzahl b bei einem Ausdruck der Form a^b keine ganze Zahl, muß man das Ergebnis durch die Aufrufe von Logarithmus- und Exponentialfunktionen bestimmen.[+] Hierzu dienen in der Programmiersprache PASCAL die vorgegebenen Funktionen

```
LN(x)        für den logarithmus naturalis von x (x > 0) und
EXP(x)       zur Berechnung von e^x.
```

Zur Berechnung von

$y = a^b$ muß man daher angeben:

```
y := EXP(b*LN(a));
```

Weitere in PASCAL vorgegebene arithmetische Funktionen kann man aus der folgenden Tabelle entnehmen:

[+] Für a > 0 gilt $a^b = e^{b \cdot \ln a}$

Aufruf	Typ des Arguments	des Ergeb- nisses	Bedeutung
ABS(x)	REAL INTEGER	REAL INTEGER	$|x|$
ARCTAN(x)	REAL INTEGER	REAL	arctg x, Umkehrfunktion von tg x
COS(x)	REAL INTEGER	REAL	cos x, x im Bogenmaß
EXP(x)	REAL INTEGER	REAL	e^x
LN(x)	REAL INTEGER	REAL	ln x, Umkehrfunktion zu e^x
ROUND(x)	REAL	INTEGER	TRUNC(x+0.5) für $x \geqslant 0$ TRUNC(x−0.5) für $x < 0$
SIN(x)	REAL INTEGER	REAL	sin x, x im Bogenmaß
SQR(x)	REAL INTEGER	REAL INTEGER	x^2
SQRT(x)	REAL INTEGER	REAL	$\sqrt{x}$
TRUNC(x)	REAL	INTEGER	der zu Null hin gerundete Wert (muß bei Zuweisung eines REAL-Wertes an eine INTEGER-Variable benutzt werden)

Die Funktionsaufrufe können in einem arithmetischen Ausdruck an Stelle eines
Variablen-Namens angegeben werden. So hätten wir im Beispiel 2.1 auch die
Funktion SQR zur Berechnung des Quadrats von R benutzen können:

```
F := 4*PI*SQR(R);
```

Zur Ausgabe von Werten dienen verschiedene Formen von WRITE-Anweisungen, die
erst zu einem späteren Zeitpunkt genauer beschrieben werden sollen (vgl. Seite 30).
Wir haben hier als eine Standardform für die Ausgabe der beiden Anweisungen

```
WRITE(...); und WRITELN;
```

vorgesehen. Durch die Anweisung

```
WRITE(R,F);
```

werden die Werte der Variablen R und F (weitere Variable dürfen durch Komma
getrennt in der Klammer hinzugefügt werden) in einen vorgegebenen internen
Ausgabepuffer übertragen. Durch die anschließende Anweisung

```
WRITELN;                 (von write line)
```

wird der Puffer auf dem Drucker als neue Zeile ausgegeben.

Da im Verarbeitungsteil nach dieser Ausgabeanweisung keine weiteren Statements
mehr folgen, wird das PASCAL-Programm mit Erreichen des Schlüsselwortes

```
END.
```

beendet.

Aufgabe 2.1 (Lösung Seite 97)

In einem Dreieck sind die Seiten b und c sowie der eingeschlossene
Winkel α gegeben.

Bitte berechnen Sie die Seite a mit Hilfe des Kosinussatzes:

$$a^2 = b^2 + c^2 - 2 \cdot b \cdot c \cdot \cos \alpha$$

für die Werte: b = 7,5 cm, c = 6,5 cm und $\alpha = 44^{\circ}$.

Aufgabe 2.2 (Lösung Seite 97)

Bitte bestimmen Sie für zwei durch räumliche Koordinaten gegebene Punkte

$$P_1 = (x_1, y_1, z_1) \quad \text{und} \quad P_2 = (x_2, y_2, z_2)$$

ihren Abstand d

$$d = \sqrt{(x_1 - x_2)^2 + (y_1 - y_2)^2 + (z_1 - z_2)^2}$$

Als Punkte wählen Sie bitte

$$P_1 = (1, 5, -3) \quad \text{und} \quad P_2 = (3, -1, 6).$$

In dem Beispielprogramm dient die Variable PI lediglich zur Aufnahme des
konstanten Wertes von $\pi = 3,14159..$ [+), eine Veränderung des Wertes ist
nicht geplant. Um ein Programm gegen (versehentliche) Veränderungen eines
auf einem Speicherplatz abgelegten konstanten Wertes sicher zu machen, kann
man in der Programmiersprache PASCAL die Vereinbarung "konstant" in einer
Deklaration vorsehen. Sie hat die allgemeine Form:

```
CONST    name_1 = konstante_1;
         name_2 = konstante_2;
            ....
         name_n = konstante_n;
```

und muß vor der Deklaration von Variablen angegeben werden.
In dem Programmierbeispiel hätte es also auch lauten können (vgl. Lösung 96):

```
PROGRAM OBERFLAECHE(INPUT,OUTPUT);
    CONST   PI = 3.141593;              ⎤
    VAR     R,F : REAL;                 ⎦ Vereinbarungsteil
BEGIN                                   ⎤
    ⎡ Anweisungen wie beim Programm     |
    | zu Beispiel 2.1, jedoch ohne      | Verarbeitungsteil
    ⎣ Wertzuweisung an PI.              |
END.                                    ⎦
```

[+) Daß auch die Variable R während des Programmlaufs nur einen Wert aufnimmt,
schränkt die Aussage nicht ein.

3 Funktionsunterprogramme

Im vorausgehenden Abschnitt haben wir eine Reihe von vorgegebenen Funktionen
kennengelernt und es war dort beschrieben worden, wie der Aufruf dieser
Funktionen vorgenommen werden kann. Da die auf Seite 9 aufgezählten Funktionen
nicht alle Anforderungen abdecken können, müssen wir die Möglichkeit haben,
bei Bedarf in einem Programm weitere Funktionen einzuführen.

Bevor ein "eignes" Funktionsunterprogramm im Verarbeitungsteil aufgerufen
werden kann, muß es im Vereinbarungsteil des Programms "deklariert", d.h.ver-
einbart sein. Hierbei müssen die Argumente der Funktion angegeben werden und
es muß beschrieben werden, in welcher Weise der Funktionswert von den Argu-
menten abhängt. An der folgenden Aufgabenstellung wollen wir das Zusammenspiel von Vereinbarung einer Funktion und ihrem späteren Aufruf verdeutlichen.

Beispiel 3.1 (Lösung Seite 97)

Der Endwert k_e eines Kapitals k nach n Jahren beträgt bei einer Ver-
zinsung von p Prozent:

$$k_e = k \cdot \left(1 + \frac{p}{100} \right)^n$$

Wir wollen ein Programm angeben, das für die Werte

$$k = 1000 , \quad p = 7,5 \quad n = 3$$

den Kapitalwert k_e mit Hilfe eines Funktionsunterprogramms berechnet.

Der Kapitalwert k_e hängt offenbar von den Größen k, p und n ab, und wir können
k_e als eine Funktion auffassen, die durch die Argumente, oder "Parameter", wie
man meistens sagt, bestimmt ist.

Wir wollen die Programmlösung angeben und anschließend erläutern.

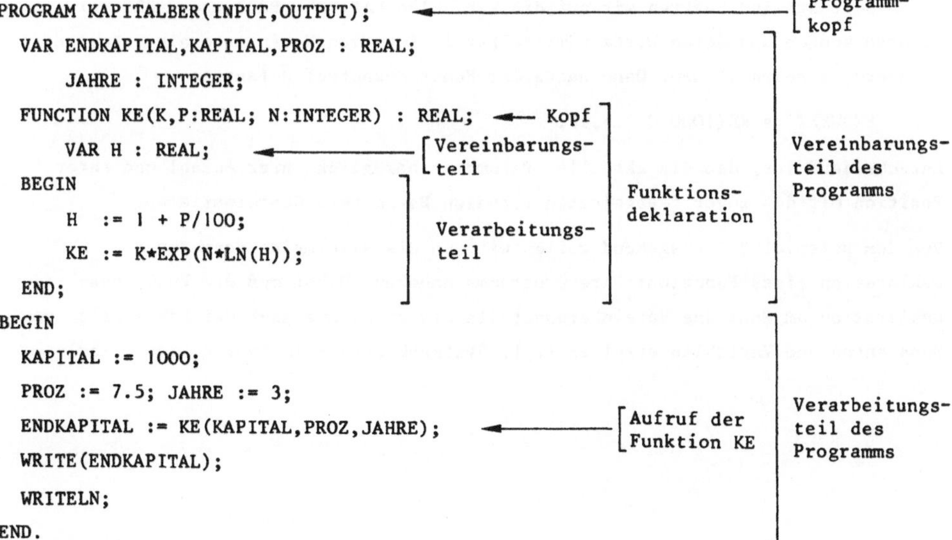

Im Kopf der Funktionsdeklaration

    FUNCTION KE(K,P:REAL; N:INTEGER) : REAL;

wird festgelegt, daß die Funktion

    - den Namen KE besitzen soll,
    - den Typ REAL erhalten soll (letzte Angabe REAL in der Zeile),
    - von den Parametern K und P (Typ REAL)
      sowie N (Typ INTEGER) abhängen soll.

Die Parameter der Funktionsdeklaration (oben : K, P und N) nennt man auch die
"formale Parameter", da sie nur zur Beschreibung der Funktionsabhängigkeit
dienen und nur innerhalb der Funktionsdeklaration bekannt sind.

Im Augenblick des Funktionsaufrufs im Verarbeitungsteil des Programms in
der Anweisung

    ENDKAPITAL := KE(KAPITAL,PROZ,JAHRE);

treten an die Stelle der formalen Parameter die sogenannten aktuellen Paramenter,
wobei an das Unterprogramm KE lediglich die Werte der Variablen KAPITAL, PROZ
und JAHRE übergeben werden. Dabei wird die Zuordnung der aktuellen Parameter zu
den formalen Parametern auf Grund der Reihenfolge in der Parameterliste
vollzogen. So korrespondieren miteinander die folgenden Parameter:

aktueller Parameter	formaler Parameter
KAPITAL (Wert: 1000.0) ⟶	K
PROZ (Wert: 7.5) ⟶	P
JAHRE (Wert: 3) ⟶	N

Da im Augenblick des Funktionsaufrufes nur die Werte der aktuellen Parameter
von Bedeutung sind, hätten wir auf die Variablen KAPITAL, PROZ und JAHRE verzichten können und deren Werte unmittelbar in Form von Konstanten als aktuelle
Parameter angeben können. Dann hätte der Funktionsaufruf gelautet:

    ENDWERT := KE(1000.0,7.5,3);

Entscheidend ist, daß die aktuellen Parameter bezüglich ihrer Anzahl und ihrer
Position mit den zuvor festgelegten formalen Parametern übereinstimmen.

Von dem Beispiel 3.1 ausgehend wollen wir nun die allgemeine Form für die
Deklaration eines Funktions-Unterprogramms angeben. Dabei muß die Funktions-
deklaration am Ende des Vereinbarungsteils des Programms nach der Deklaration von
Konstanten und Variablen erfolgen (vgl. Syntax-Diagramm im Anhang, Seite 152).

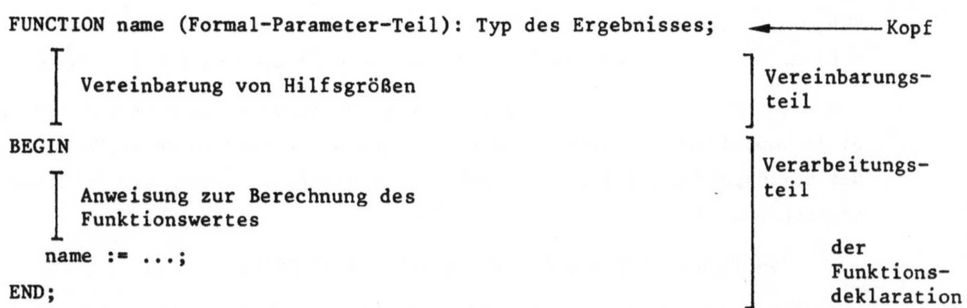

In dem Vereinbarungsteil des Funktionsunterprogramms können alle Größen –
Konstanten, Variablen, weitere Unterprogramme – deklariert werden, die im
anschließenden Verarbeitungsteil über die formalen Parameter hinaus benötigt
werden. Entscheidend ist, daß im Verarbeitungsteil der Funktionsdeklaration
eine Wertzuweisung an den Namen der Funktions erfolgt. Dies ist oben in der
allgemeinen Form angedeutet durch

    name := ... ;

So erhält die Funktion bei einem aktuellen Funktionsaufruf den berechneten
Wert zugewiesen, der dann auf einem Speicherplatz desselben Namens im aufrufenden Programmteil zur Verfügung steht.

Damit die Zuweisung an den Namen der Funktion möglich wird, muß im Kopf der
Funktionsdeklaration der Typ der Funktion festgelegt werden. In der allgemeinen
Form wurde dies durch die Angabe

    Typ des Ergebnisses

im Kopf der Funktionsdeklaration angedeutet. Für die Festlegung des Ergebnistyps
kommt bis jetzt nur eines der Schlüsselwörter

    INTEGER
und   REAL

in Frage; wir werden allerdings später ebenso wie bei den Variablen weitere
Typfestlegungen kennenlernen.

Von der allgemeinen Form der Deklaration eines Funktionsunterprogramms bleibt
nun noch zu klären, was unter dem

    Formal-Parameter-Teil

im Kopf der Deklaration zu verstehen ist. – In diesem Teil sind alle formalen
Parameter anzugeben, von denen die Funktion abhängt.[+)]

[+)] Im Augenblick wollen wir zur Vereinfachung annehmen, daß dies nur Konstanten
und Variablen sind; die Abhängigkeit von weiteren Funktionen soll später
erläutert werden (vgl. Seite 18).

Nun muß in PASCAL an dieser Stelle zusätzlich der Typ der Parameter festgelegt werden, so daß hier eventuell umfangreichere Angaben zu erfolgen haben.

Vom Prinzip her muß man nach jedem einzelnen formalen Parameter dessen Typ durch einen Doppelpunkt getrennt angeben. Ein nachfolgender formaler Parameter wird von dem vorausgehenden durch ein Semikolon getrennt. So hätten wir im Beispiel 3.1 angeben müssen:

> FUNCTION KE(K:REAL; P:REAL; N:INTEGER) : REAL;

Nun sind die Einzelangaben zu jedem formalen Parameter recht schreibaufwendig und so hat man die Möglichkeit vorgesehen, mehrere formale Parameter desselben Typs zusammenzufassen. Hierzu werden die Parameter durch Kommata getrennt aufgeführt und anschließend folgt die gemeinsame Typangabe. So konnten wir im Beispiel 3.1 kürzer schreiben:

> FUNCTION KE(K,P:REAL; N:INTEGER) : REAL;

Mit Hilfe des Syntax-Diagramms kann man den Aufbau des Formal-Parameter-Teils folgendermaßen verdeutlichen:[+]

Formal-Parameter-Teil

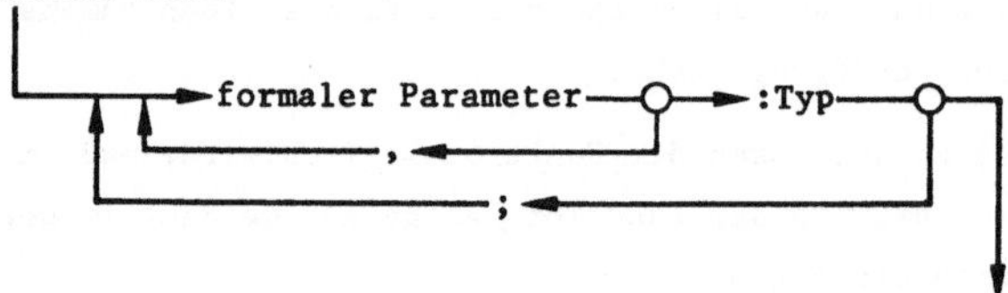

Bei dem späteren Aufruf der Funktion muß an die Stelle eines jeden formalen Parameters ein aktueller Parameter treten, der denselben Typ wie der formale Parameter besitzt. Dabei darf statt einer Variablen auch ein konstanter Wert oder ein arithmetischer Ausdruck angegeben werden.

<u>Aufgabe 3.1</u> (Lösung Seite 98)

> Der Endwert R_e einer (nachschüssigen) Rente R nach n Jahren ist gegeben durch
>
> $$R_e = R \cdot \frac{r^n - 1}{r - 1},$$
>
> wobei zur Abkürzung der Zinsfaktor $r = 1 + \frac{P}{100}$ benutzt wurde.
>
> Bitte schreiben Sie in Anlehnung an Beispiel 3.1 ein Programm, das den Endwert R_e einer Rente bestimmt, wenn folgende Werte gegeben sind:
>
> R = 300   p = 5   ,   n = 15

[+] Später werden noch weitere Angabemöglichkeiten erläutert, so daß das jetzige Syntax-Diagramm nicht vollständig ist.

4 Prozeduren

Im Abschnitt 3 haben wir dargestellt, wie man über die Standardfunktionen
hinaus weitere Funktionen für ein PASCAL-Programm deklarieren kann. Nun gibt
es Fälle, in denen man eine bestimmte Folge von Anweisungen in einem Unterprogramm zusammenfassen möchte, ohne daß ein Funktionswert zu berechnen ist.
Oder man möchte gleichzeitig, d.h. mit einem Aufruf des Unterprogramms, mehrere
Werte berechnen lassen. Dann kommt man mit den Gegebenheiten eines Funktionsunterprogramms nicht aus und man muß auf eine andere Art von Unterprogrammen,
auf die sogenannten Prozeduren zurückgreifen.

Da eine Prozedur nicht wie ein Funktionsunterprogramm einen Wert zurücküber-
mittelt, kann ihr Aufruf nicht in einem arithmetischen Ausdruck oder in
einer Wertzuweisung erfolgen. Vielmehr ist hierfür eine besondere Anweisung
vorgesehen, die auch Prozeduranweisung genannt wird. Dabei wird der Name der
Prozedur angegeben, und es folgt die Liste der aktuellen Parameter,
falls die Prozedur mit Parametern deklariert wurde. Ebenso wie bei einem
Funktionsunterprogramm muß beim Aufruf einer Prozedur darauf geachtet
werden, daß die aktuellen Parameter nach Anzahl und Typ zu den zuvor angegebenen formalen Parametern der Prozedurdeklaration passen.

Die Prozedurdeklaration muß - ebenso wie die Deklaration einer Funktion -
am Ende des Vereinbarungsteils eines Programms erfolgen. Die Deklaration
der Prozedur hat folgenden allgemeinen Aufbau:[+)]

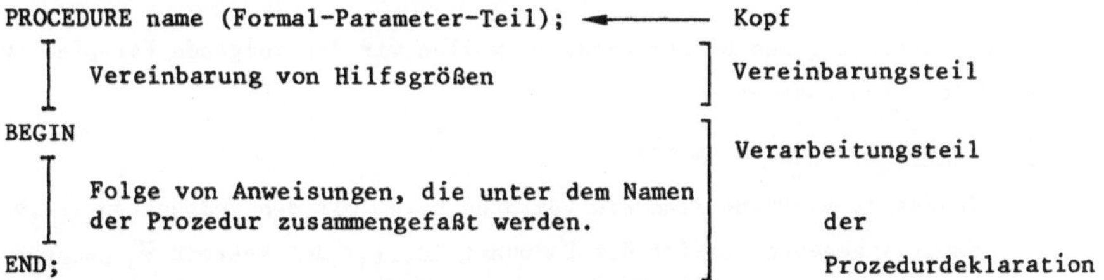

Im Verarbeitungsteil der Prozedurdeklaration dürfen alle Verarbeitungsan-
weisungen auftreten, die wir bisher kennengelernt haben:

- Wertzuweisungen
- Ausgabeanweisungen
- Aufruf von Prozeduren und Funktionen sowie
- weitere Anweisungen, die wir noch kennenlernen werden.

Bevor wir ein Beispiel für eine Prozedur angeben können, müssen wir den
Formal-Parameter-Teil noch etwas genauer betrachten. Einmal können wir diesen
Teil genauso gestalten,wie wir es im Abschnitt 3 für Funktions-Unterprogramme
beschrieben haben. Dann dienen die Parameter nur dazu, beim Aufbau der Prozedur

---

[+)]Falls die Prozedur keine Parameter besitzt, ist als Prozedurkopf anzugeben:
    PROCEDURE name;

über die aktuellen Parameter Werte in das Unterprogramm hinein zu übermitteln.
Aus dem Unterprogramm heraus können wir dann allerdings in den aufrufenden
Programmteil keinen Wert unter Benutzung der Parameter erhalten.

Dies können wir in PASCAL für einzelne Parameter vorsehen, indem wir im Formal-
Parameter-Teil angeben, daß es sich um die "Übergabe einer Variablen" beim
späteren Aufruf des Unterprogramms handeln soll. Die als aktuelle Parameter
angegebenen Variablen ersetzen dann beim Prozeduraufruf an allen Stellen des
Verarbeitungsteils der Prozedur die zuvor benutzten formalen Parameter. So können
wir einerseits die Werte der Variablen in das Unterprogramm hineingeben und
andererseits können den Variablen Werte zugewiesen werden. Die zugewiesenen
Werte stehen in den Variablen nach dem Prozeduraufruf zur Verfügung.

Die "Übergabe einer Variablen" wird im Formal-Parameter-Teil einer Prozedur
vorgesehen durch das Schlüsselwort

    VAR

dem die Namen der formalen Parameter und deren Typangaben folgen müssen. Damit
ergibt sich folgendes Syntax-Diagramm für den Formal-Parameter-Teil:[+)]

Formal-Parameter-Teil

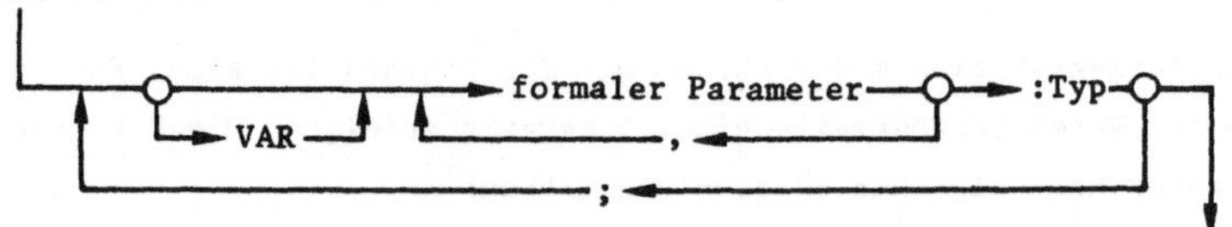

Zur Verdeutlichung des bisher Gesagten wollen wir das folgende Beispiel zur
Vektor-Addition angeben.

Beispiel 4.1 (Lösung Seite 98)

In der (x,y)-Ebene sind die Vektoren $\vec{v}_1, \vec{v}_2$ mit den Endpunkten (x_1, y_1) und
(x_2, y_2) gegeben. Es ist der Endpunkt (x_3, y_3) des Vektors $\vec{v}_3$ gesucht, der
die Summe der Vektoren $\vec{v}_1$ und $\vec{v}_2$ darstellt.

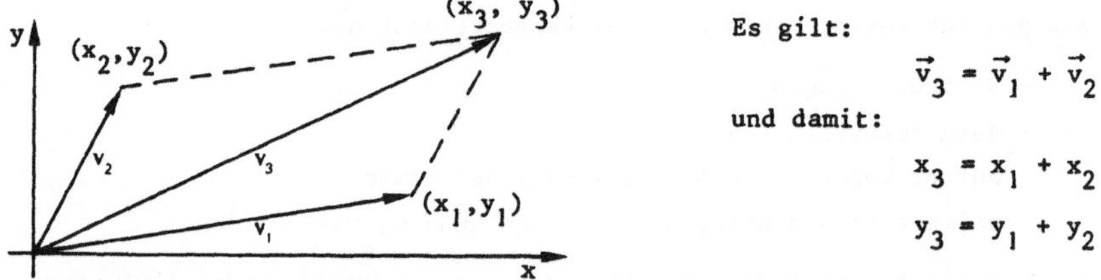

Es gilt:

$$\vec{v}_3 = \vec{v}_1 + \vec{v}_2$$

und damit:

$$x_3 = x_1 + x_2$$
$$y_3 = y_1 + y_2$$

Die Koordinaten des Summenvektors sollen durch einen einzigen Unterprogramm-
aufruf berechnet werden. Als Endpunkte der Vektoren $\vec{v}_1, \vec{v}_2$ wählen wir die
Punkte $(5, 1)$ und $(1.5, 3)$.

[+)]Da auch andere Unterprogramme (Funktionen oder Prozeduren) als Parameter einer
Funktion oder Prozedur auftreten können, ist das Syntax-Diagramm später nochmals zu verallgemeinern (vgl. Seite 18).

```
PROGRAM VEKTOR (INPUT,OUTPUT);
   VAR A,B : REAL;
   PROCEDURE SUM(X1,Y1,X2,Y2:REAL; VAR X3,Y3:REAL);
   BEGIN
     X3 := X1+X2;
     Y3 := Y1+Y2;
   END;
BEGIN
   SUM(5,1,1.5,3,A,B);
   WRITE(A,B);
   WRITELN;
END.
```

Zweifellos ist die (mathematische) Aufgabenstellung sehr einfach und man würde
als erfahrener Programmier für die beiden Additionen kaum einen Unterprogramm-
aufruf vorsehen. Auf der anderen Seite ist der Austausch der Information zwischen
dem Unterprogramm und seiner Umgebung leicht zu durchschauen:

Über die Parameter X1,X2,Y1 und Y2 können Werte an das Unterprogramm SUM übergeben werden. An ihre Stelle dürfen beim Prozeduraufruf als aktuelle Parameter

> Variable, Konstanten oder arithmetische Ausdrücke

treten. Es werden lediglich die entsprechenden Werte an den Verarbeitungsteil
des Unterprogramms weitergereicht und an den entsprechenden Stellen eingesetzt.

Wegen der Angabe

    VAR X3,Y3 : REAL

im Kopf der Prozedurdeklaration dürfen beim Prozeduraufruf an Stelle von X3 und
Y3 als aktuelle Parameter nur Namen von Variablen angegeben werden. Im Beispiel 4.1
sind es die Namen A und B. Auf Grund der Anweisungen

    X3 := ...;
    Y3 := ...,

im Verarbeitungsteil der Prozedurendeklaration werden durch den Prozeduraufruf

    SUM(...,A,B);

den Variablen A und B entsprechende Werte zugewiesen, die anschließend im Verarbeitungsteil des Hauptprogramms zur Verfügung stehen, im Beispiel 4.1 geben
wir ihre Werte durch die Anweisungen

    WRITE(A,B); WRITELN;

auf dem Drucker aus.

<u>Aufgabe 4.1</u> (Lösung Seite 99)

In PASCAL ist die Behandlung von komplexen Zahlen durch einen speziellen
Datentyp nicht vorgesehen. Bitte schreiben Sie Prozeduren für die 4 Grundrechenarten zur Behandlung komplexer Zahlen.

<u>Hinweis:</u> Eine komplexe Zahl z können wir angeben durch z = a+ib, wobei i
für $\sqrt{-1}$ steht und a, b reelle Zahlen darstellen. Dann wird a der Real-
teil von z und b der Imaginärteil genannt. Es gelten folgende Regeln für
die vier Grundrechenarten:

Addition und Subtraktion	$z_3 = z_1 \pm z_2$	$a_3 = a_1 \pm a_2$	$b_3 = b_1 \pm b_2$
Multiplikation	$z_3 = z_1 \cdot z_2$	$a_3 = a_1 \cdot a_2 - b_1 \cdot b_2$	$b_3 = a_1 \cdot b_2 + b_1 \cdot a_2$
Division	$z_3 = \dfrac{z_1}{z_2}$	$a_3 = \dfrac{a_1 \cdot a_2 + b_1 \cdot b_2}{(a_2 + b_2)^2}$	$b_3 = \dfrac{-a_1 b_2 + b_1 \cdot a_2}{(a_2 + b_2)^2}$

Selbstverständlich kann ein Unterprogramm auch von einer anderen Funktion oder
einer anderen Prozedur abhängig sein. Deshalb ist in der Sprachspezifikation
von PASCAL auch vorgesehen, Funktionen und Prozeduren als (formale) Parameter
zu spezifizieren. Auf den meisten Kleinrechnern ist diese Möglichkeit aber nicht
realisiert, so daß man dann nur Unterprogramme angeben kann, bei denen lediglich
"Werte" oder "Variable" zu übergeben sind.[+)]

Im Hinblick auf die Benutzung von größeren Rechenanlagen wollen wir beschreiben,
wie die Abhängigkeit eines Unterprogramms von einem anderen Unterprogramm zu
steuern ist. Wie bei den bisher beschriebenen Parametern ist die Abhängigkeit
im Formal-Parameter-Teil zu spezifizieren. Die allgemeine Form ist dabei aus
dem folgenden Syntax-Diagramm ablesbar.[++)]

Formal-Parameter-T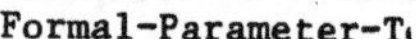

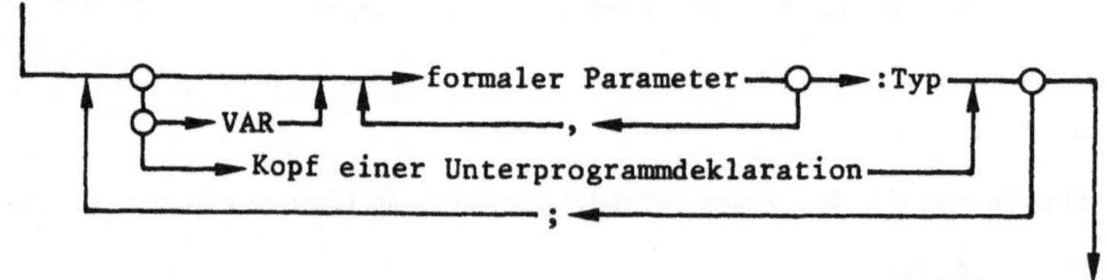

Wichtig ist dabei, daß für eine Prozedur oder eine Funktion als formalem Parameter
ein vollständiger "Kopf" anzugeben ist, wie er in einer Unterprogrammdeklaration
vorzusehen wäre.[++)] Zur weiteren Erläuterung wollen wir auf das Beispiel 3.1
bzw. auf die Aufgabe 3.1 zurückgreifen:

[+)]Weitere für Parameter zugelassene Datentypen werden später erläutert.

[++)]Die Angaben entsprechen der Sprachspezifikation; bei den meisten Rechenanlagen
entfallen die Parameterangaben für das Unterprogramm als Parameter.

Beispiel 4.2 (Lösung Seite 100)

Es sollen der Kapitalendwert K_e und der Endwert R_e einer Rente als Funktionsunterprogramme angegeben werden. Der Aufruf dieser Funktionen und das Ausdrucken der berechneten Werte soll in einer Prozedur erfolgen.

```
PROGRAM KAPITALBER(INPUT,OUTPUT);                                        Programm-
    VAR WERT,PROZ : REAL;                                                kopf
        JAHRE : INTEGER;

    FUNCTION KE(K,P:REAL; N:INTEGER) : REAL;
        VAR H : REAL;
    BEGIN                                            Deklaration
        H := 1+P/100;                                der
        KE:= K*EXP(N*LN(H));                          Funktion KE       Vereinbarungs-
    END;
                                                                        teil des
    FUNCTION RE(R,P:REAL; N:INTEGER) : REAL;
        VAR HR : REAL;                                                  Programms
    BEGIN                                            Deklaration
        HR := 1+P/100;                               der
        RE := R*(EXP(N*LN(HR))-1)/(HR-1);             Funktion RE
    END;

    PROCEDURE BERECHNUNG(W1,P1:REAL; N1:INTEGER;
                         FUNCTION FKT(W,P:REAL; N:INTEGER) : REAL);
        VAR ENDWERT : REAL;
    BEGIN
        WRITE(N1,W1,P1); WRITELN;                    Deklaration der
        ENDWERT := FKT(W1,P1,N1);                    Prozedur
        WRITE(ENDWERT); WRITELN;                     BERECHNUNG
    END;

BEGIN
    WERT := 1000; PROZ := 7.5; JAHRE := 3;                              Verarbeitungs-
    BERECHNUNG(WERT,PROZ,JAHRE,KE);
    WERT := 300; PROZ := 5; JAHRE := 15;                               teil des
    BERECHNUNG(WERT,PROZ,JAHRE,RE);
END.                                                                    Programms
```

Wir wollen uns den Kopf der Deklaration der Prozedur BERECHNUNG etwas genauer ansehen:

```
PROCEDURE BERECHNUNG(W1,P1:REAL; N1:INTEGER;
                     FUNCTION FKT(W,P:REAL; N:INTEGER): REAL);
```

Die Prozedur BERECHNUNG hängt demnach von 4 formalen Parametern ab, nämlich W1, P1, N1 und FKT. Die formalen Parameter W1 und P1 besitzen den Typ REAL und N1 den Typ INTEGER. Der formale Parameter FKT wird als Funktion beschrieben - durch die Angabe FUNCTION - und hat den Typ REAL. Außerdem wird festgelegt, daß die Funktion FKT ihrerseits von 3 formalen Parametern, nämlich W, P und N, abhängen soll, deren Typ REAL bzw. INTEGER ist.[+)]

Im Anweisungsteil der Prozedur BERECHNUNG wird in der Wertzuweisung

```
ENDWERT := FKT(W1,P1,N1);
```

[+)]Diese Festlegung ist in der Sprachspezifikation von PASCAL vorgesehen. Bei den meisten Compilern ist sie nicht erforderlich, sondern lediglich die Angabe
```
FUNCTION FKT:REAL
```
(vgl. ISO-Entwurf vom Feb. 1979; 97/5 N462 Working Draft specification for PASCAL).

auf den formalen Parameter FKT zurückgegriffen. Bei dem Aufruf der Prozedur
in der Zeile der Programmausführung

    BERECHNUNG(WERT,PROZ,JAHRE,KE);

tritt die Funktion KE an die Stelle des formalen Parameters FKT und es wird
nun in der Prozedur auf Grund der Anweisung

    ENDWERT := FKT(W1,P1,N1);

die Funktion KE mit den aktuellen Parametern WERT, PROZ und JAHRE ausgewertet.
Wir erhalten damit in der Variablen ENDWERT den Kapitalwert Ke bereitgestellt
und anschließend ausgedruckt.

Wegen der im Hauptprogramm folgenden Wertzuweisungen

    WERT := 300;   PROZ := 5;   JAHRE := 15;

werden die alten Werte der Variablen überschrieben und durch den Aufruf

    BERECHNUNG(WERT,PROZ,JAHRE,RE);

wird nun die Funktion RE als aktueller Parameter an die Prozedur BERECHNUNG
übergeben und die Funktion RE mit den neuen Werten der Variablen WERT, PROZ und
JAHRE aufgerufen. Wir erhalten dadurch den Rentenwert R_e für die Variable
ENDWERT berechnet und ausgedruckt.

Wir haben bisher die Unterprogramme als abgeschlossene Einheiten beschrieben,
die nur über ihre Parameter Informationen entweder aus ihrer Umgebung erhalten
oder an diese abtreten. Das ist sinnvoll, weil man dadurch den Informations-
austausch überschaubar halten, und weil man außerdem ein Unterprogramm leicht
in ein anderes Programm verpflanzen kann. Man hat aber noch eine weitere
Möglichkeit, Werte in ein Unterprogramm hinein oder aus ihm heraus zu übergeben:

Eine Variable, die zu Beginn eines Programms im Vereinbarungsteil deklariert
wird, ist im gesamten Programm bekannt; d.h. über sie kann im Verarbeitungsteil des Programms, aber auch im Verarbeitungsteil eines jeden Unterprogramms
verfügt werden. Sie stellt damit eine sogenannte "globale Variable" dar.[+)]
Indem wir eine globale Variable im Unterprogramm aufrufen oder ihr dort einen
Wert zuweisen, können wir im Augenblick des Unterprogrammaufrufs Informationen
zwischen dem Unterprogramm und seiner Umgebung austauschen. Damit haben wir
allerdings das Prinzip der Abgeschlossenheit der Unterprogramme verletzt und
man kann solche Funktionen oder Prozeduren nicht ohne zusätzliche Hinweise
in andere Programme übernehmen. Wir wollen deshalb bewußt auf den Gebrauch von
globalen Variablen verzichten.

[+)]Die Eigenschaft "globale Variable" geht für eine Variable in einem Unterprogramm verloren, wenn der Name der Variablen hier neu deklariert oder
als formaler Parameter benutzt wird.

5 Programmverzweigung, Boolesche Variable und Konstanten

Beispiel 5.1 (Lösung Seite 101)

Für die Funktion
$$f(x) = e^x - c \qquad \text{mit } c = 0,6$$

wollen wir im Intervall (-1, 1) eine Wertetabelle mit einer Schrittweite
von 0,2 berechnen lassen.

Wir wollen zunächst die Programmlösung geschlossen angeben und anschließend
erläutern.

```
PROGRAM WERTETABELLE(INPUT,OUTPUT);
   LABEL 1;
   VAR X,XMAX,DX,Y : REAL;

   FUNCTION F(X : REAL) : REAL;
      CONST C = 0.6;
   BEGIN
      F := EXP(X)-C;
   END;
BEGIN
   X := -1; XMAX := 1; DX := 0.2;
1: Y := F(X);
   WRITE(X,Y); WRITELN;
   X := X+DX;
   IF X <= XMAX THEN GOTO 1;
END.
```

In dem Anweisungsteil des Programms werden zunächst die Variablen X, XMAX und DX
mit entsprechenden Werten versehen. Dann wird die Funktion F an der Stelle X (=-1)
berechnet, der ermittelte Wert der Variablen Y zugewiesen und anschließend
zusammen mit dem Wert von X ausgedruckt.

Als nächste ist die Anweisung

```
X := X+DX;
```

angegeben. Sie ist folgendermaßen zu interpretieren: Zu dem Wert von X (=-1,0)
soll der Wert von DX (=0,2) addiert werden, womit man für den arithmetischen
Ausdruck den Wert -0,8 erhält. Dieser Wert wird der Variablen X zugewiesen,
womit der alte Wert (=-1,0) überschrieben ist. Man sagt auch, daß durch
die Anweisung

```
X := X+DX;
```

der Inhalt der Variablen X um den Wert von DX erhöht wird.

Die sich anschließende Anweisung

```
IF X <= XMAX THEN GOTO 1;
```

wollen wir in 2 Schritten betrachten: Zunächst wollen wir annehmen, daß nur die

Anweisung GOTO 1; angegeben wäre. Sie stellt eine Sprunganweisung dar, die bewirkt,
daß die Programmausführung mit der Anweisung fortgesetzt wird, der von uns (willkürlich) die Anweisungs-Nummer 1 zugeordnet wurde. Dies geschieht dadurch, daß vor die
Anweisung eine positive ganze Zahl mit höchstens 4 Ziffern geschrieben wird, die von
der Anweisung durch einen Doppelpunkt zu trennen ist. In unserem Beispiel ist es
die Anweisung

        1: Y := F(X);

Damit wird nach der Sprunganweisung die Funktion F(X) erneut ausgewertet, wobei
jetzt die Variable X den Wert -0,8 besitzt.

Damit der Sprung durch die Anweisung GOTO m; zulässig wird, muß nicht nur die
Marke m (engl. label) vor einer Anweisung angegeben sein; vielmehr muß die Marke
- eventuell mit weiteren Marken - in einer Deklarationsanweisung der Form

        LABEL m;   oder   LABEL $m_1, m_2, \ldots, m_n$;

aufgeführt werden. Die LABEL-Deklaration muß die erste der Deklarationen sein
(vgl. Syntax-Diagramm, Seite 152).

Nach dem Rücksprung zur Marke 1 wurde, wie oben dargestellt, die Funktion F an
der neuen Stelle X =-0,8 berechnet und ihr Wert zusammen mit dem von X ausgegeben.
Nachdem X erneut um den Wert 0,2 erhöht wurde, ist wiederum die Anweisung

        GOTO 1;

auszuführen. Offensichtlich werden innerhalb der angedeuteten "Schleife" alle
geforderten Werte aus dem Intervall (-1, 1) berechnet und ausgegeben, doch
nicht nur diese: Da die Schleife immer wieder ausgeführt wird, werden auch für
alle nachfolgenden X-Werte im Abstand von 0,2 voneinander die Funktionswerte
bestimmt und ausgedruckt. Um das letztere zu verhindern, muß die Sprunganweisung
GOTO 1; an die Bedingung

        "x ist kleiner oder gleich x_{max}"

geknüpft werden, die in der Programmiersprache PASCAL lautet:

        IF X <= XMAX THEN GOTO 1;

Dabei wird die Anweisung GOTO 1; ausgeführt, wenn die Bedingung X <= XMAX wahr
ist, im anderen Fall wird die Sprunganweisung übergangen.

Die gerade beschriebene "bedingte Anweisung" hat die allgemeine Form:

        IF ba THEN s;

dabei steht

        ba   für einen Booleschen Ausdruck (s.u.) und
        s   für eine Anweisung ("Statement").

Die Anweisung s wird ausgeführt, wenn der Boolesche Ausdruck den Wert "wahr" besitzt.

Falls eine Folge $s_1; s_2; \ldots; s_n;$ von Anweisungen in Abhängigkeit von dem
Booleschen Ausdruck ba ausgeführt werden soll, so kann man diese Folge durch
die Schlüsselwörter BEGIN und END zu einer neuen Einheit, dem "compound
statement" oder der "zusammengesetzten Anweisung" vereinigen:

```
BEGIN
   s₁; s₂; ...;sₙ;
END;
```

Die zusammengesetzte Anweisung fungiert nach außen wie eine einzige Anweisung.

In dem obigen Beispiel 5.1 haben wir einen Booleschen Ausdruck in Form eines
Vergleichs oder einer "Relation"

```
X <= XMAX
```

benutzt. In der Programmiersprache PASCAL gibt es die folgenden Relationen,
wobei a und b für beliebige arithmetische Ausdrücke stehen:

mathem. Zeichen	Zeichen in PASCAL	Benutzung in der Form	Bedeutung
$<$	<	a < b	a kleiner als b
$\leqslant$	<=	a <= b	a kleiner oder gleich b
$=$	=	a = b	a gleich b
$\geqslant$	>=	a >= b	a größer oder gleich b
$>$	>	a > b	a größer als b
$\neq$	<>	a <> b	a ungleich b

Das Ergebnis einer Relation kann in einer Variablen vom Typ BOOLEAN gespeichert
werden. Man hat sie hierzu im Vereinbarungsteil des Programms als Variable
des Typs BOOLEAN zu deklarieren und kann im nachfolgenden Verarbeitungsteil
entsprechende Zuweisungen durchführen lassen.

Beispiel:

```
PROGRAM BEISP(INPUT,OUTPUT);
VAR   X1,X2,X : REAL;
      B,D     : BOOLEAN;
BEGIN
   X1 := -6; X2 := 10; X := 1;
   B  := X1 < X;
   D  := X2 < X;
   ...
END.
```

Da der Wert der Variablen X1 kleiner als der Wert der Variablen X ist, erhält
die als BOOLEAN deklarierte Variable B den Wert "wahr" zugewiesen und die
Variable D den Wert "falsch", da die Relation X2 < X nicht gilt.

Die Zuweisungen an Variable des Typs BOOLEAN sind nicht an Relationen gebunden.
So kann man einerseits die beiden Booleschen Konstanten

TRUE   für "wahr" und

FALSE   für "falsch"

und andererseits Boolesche Variable (und Relationen) zur Bildung Boolescher
Ausdrücke benutzen. Zur Verknüpfung sind in PASCAL die Operatoren

OR   für das logische Oder

AND   für das logische Und

sowie für die Verneinung der Operator

NOT

vorgesehen. Die Bedeutung der Operatoren kann man aus der folgenden Tabelle
entnehmen, wobei a und b für logische Größen stehen, d.h. für Konstanten,
Variable oder Ausdrücke des Typs BOOLEAN, und T und F für die beiden Werte
TRUE und FALSE.

a OR b				a AND b				NOT a	
a\b	T	F		a\b	T	F		a	NOT a
T	T	T		T	T	F		T	F
F	T	F		F	F	F		F	T

Nach diesem Einschub über Boolesche Größen wollen wir uns nochmals der bedingten Anweisung zuwenden, die noch eine zweite allgemeine Form besitzt:

IF ba THEN s_1 ELSE s_2;

Dabei stehen wieder

     ba   für einen Booleschen Ausdruck

und s_1, s_2 für Anweisungen (bei Bedarf: zusammengesetzte Anweisungen),
                  die in Abhängigkeit von dem Booleschen Ausdruck ba ausgeführt
                  werden.

Besitzt der Boolesche Ausdruck ba den Wert TRUE, so wird die Anweisung s_1 ausgeführt und die Anweisung s_2 übersprungen; hat er dagegen den Wert FALSE, so
wird s_1 übersprungen und die Anweisung s_2 ausgeführt.

Hierzu soll als Anwendungsbeispiel die folgende Aufgabe dienen.

Aufgabe 5.1 (Lösung Seite 101)

     Es soll die Nullstelle der Funktion

          f(x) = sin x - c

     für die Konstante c = 0,6 im Intervall $(0, \frac{\pi}{2})$, $\pi \simeq 3{,}141593$ bestimmt werden.

<u>Hinweis:</u>

Die gesuchte Nullstelle kann man nicht geschlossen angeben, vielmehr ist sie nur näherungsweise zu berechnen. Hierfür kann man ein Verfahren programmieren, das ausgehend von einem vorgegebenen Wert einen verbesserten Näherungswert für die gesuchte Nullstelle liefert. Indem man mit dem jeweils neuen Wert das Verfahren wiederum durchläuft ("iteriert"), erhält man eine Folge von Näherungswerten, von denen man hofft, daß sie gegen die gesuchte Nullstelle konvergieren.

Für eine Reihe derartiger Iterationsverfahren gibt es Bedingungen an die gegebene Funktion und an das betrachtete Intervall, so daß man die Konvergenz der Näherungswerte gegen die gesuchte Nullstelle beweisen kann.[+)] Hier soll als erstes das sogenannte Halbschrittverfahren erläutert werden, da es einerseits recht anschaulich ist und andererseits die Nullstelle mit der möglichen Genauigkeit liefert, wenn die betrachtete Funktion in dem Intervall einen Vorzeichenwechsel besitzt.

<u>Halbschrittverfahren:</u>

Die Funktion besitze an den Endpunkten des Intervalls ein unterschiedliches Vorzeichen.

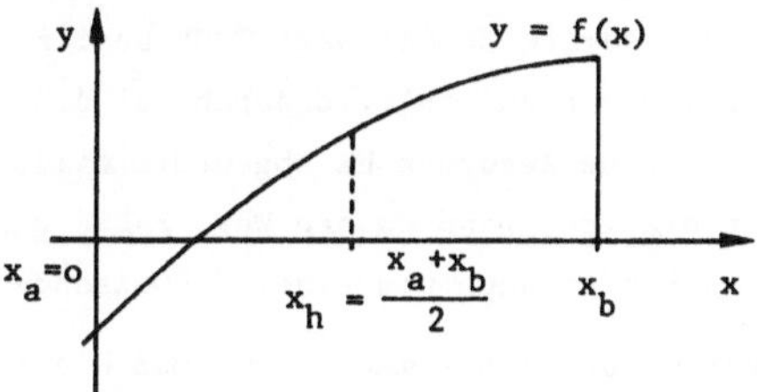

Es werden folgende Verfahrensschritte durchgeführt:

1. Das Intervall wird halbiert (daher der Name des Verfahrens).
2. Der Funktionswert wird für den Intervallmittelpunkt berechnet.
3. Falls die Nullstelle mit der gewünschten Genauigkeit berechnet ist, kann das Verfahren beendet werden. Im anderen Fall wird derjenige Endpunkt durch den Mittelpunkt ersetzt, für den die Funktion dasselbe Vorzeichen wie für den Mittelpunkt besitzt.
4. Es wird das Verfahren mit Schritt 1 fortgesetzt.

[+)] Die (mathematisch) nachgewiesene Konvergenz der Näherungswerte kann in der Praxis durch das Auftreten von Rundungsfehlern zunichte gemacht werden. Man sollte deshalb nur solche Verfahren benutzen, die in dem betrachteten Intervall schnell genug konvergieren.

6 Programmschleifen

Im Beispiel 5.1 (Seite 21) haben wir eine elementare Möglichkeit zur
Steuerung von Schleifen kennengelernt, die auf der Sprunganweisung

        GOTO marke;

basiert. Zweifellos kann man alle Schleifen in der Weise programmieren, wie
wir es im Abschnitt 5 dargestellt haben. Man wird aber schnell feststellen,
daß die Programme unübersichtlich werden, wenn die Aufgabenstellung komplexer wird und z.B. mehrere ineinander geschachtelte Schleifen erfordert.
Wir wollen deshalb einige zusätzliche Anweisungen kennenlernen, die die
Schleifensteuerung in eleganterer Weise - und damit übersichtlicher - gestatten.

Als erstes wollen wir die WHILE-Schleife darstellen, für die wir folgende Form
angeben können:

        WHILE ba DO s;

Dabei steht

        ba   für einen Booleschen Ausdruck und
        s   für eine Anweisung oder auch zusammengesetzte Anweisung.

Falls und solange der Boolesche Ausdruck ba den Wert TRUE besitzt, wird die
Anweisung s ausgeführt. Da vor dem ersten Schleifendurchlauf d.h. vor Ausführung der Anweisung s der Boolesche Ausdruck ba abgeprüft wird, wird die
Schleife kein einziges Mal durchlaufen, wenn ba den Wert FALSE besitzt. Man
spricht deshalb bei der WHILE-Schleife auch von einer "abweisenden Schleife".

Damit die WHILE-Schleife zu einem Abschluß kommen kann, muß die Anweisung s
den Booleschen Ausdruck beeinflussen. In der Regel wird die Anweisung s damit
eine zusammengesetzte Anweisung (compound statement, siehe Seite 23) sein müssen.

Die WHILE-Schleife wollen wir nun an einem Beispiel vorstellen:

Beispiel 6.1 (Lösung Seite 102)

Wir wollen die Reihe $\displaystyle\sum_{n=1}^{n_{max}} \frac{1}{n}$ für $n_{max} = 100$ berechnen.

```
PROGRAM BEISP(INPUT,OUTPUT);
   VAR NMAX,N: INTEGER;
       SU     : REAL;
BEGIN
   NMAX := 100;
   SU := 0; N := 1;
   WHILE N <= NMAX DO
   BEGIN
      SU := SU+1/N;
      N  := N+1;
   END;
   WRITE ('SUMME =',SU); WRITELN;
END.
```

Wir wollen uns die Anweisungen für die Schleifensteuerung etwas genauer an-
schauen:

Wegen der Wertzuweisungen

     NMAX := 100;   und N := 1;

besitzt der Boolesche Ausdruck: N <=NMAX in der Zeile

     WHILE N <= NMAX DO

den Wert TRUE und die zusammengesetzte Anweisung

```
    BEGIN
      SU := SU+1/N;
      N  := N+1;
    END;
```

wird ausgeführt. Dabei wird auf Grund der Zuweisung

     N := N+1;

der Wert der Variablen N verändert und so der Boolesche Ausdruck

     N <= NMAX

beeinflußt. Mit dem ersten Durchlauf hat N den Wert 2 zugewiesen bekommen, so
daß die zusammengesetzte Anweisung erneut ausgeführt werden muß. Nach und nach
erhält die Variable N alle ganzen Werte 1, 2, 3,..., 99 und schließlich 100
zugewiesen. Da auch jetzt noch der Boolesche Ausdruck N <= NMAX den Wert TRUE
hat, wird noch einmal

```
    SU := SU + 1/N;           (mit dem Wert N = 100)
und N   := N + 1;             (jetzt N = 101)
```

ausgeführt. Der jetzt wieder folgende Vergleich N <= NMAX liefert nun den
Wert FALSE und damit wird die WHILE-Schleife verlassen und das Programm mit den
beiden nachfolgenden Anweisungen

```
    WRITE('SUMME =',SU);        WRITELN;
```

fortgesetzt. Hiernach kann das Programm beendet werden.

<u>Aufgabe 6.1</u> (Lösung Seite 102)

     Bitte ändern Sie das Programm von Beispiel 6.1 so ab, daß an Stelle der
     Summation von 1, 2,..., 100 aufsteigend die Summation absteigend
     (100, 99,...,2, 1) vorgenommen wird.

<u>Aufgabe 6.2</u> (Lösung Seite 102)

     a) Bitte berechnen Sie ln(2) mit Hilfe der Reihe

$$\ln(2) = \sum_{n=1}^{\infty} \frac{(-1)^{n-1}}{n} = 1 - \frac{1}{2} + \frac{1}{3} - \frac{1}{4} + \ldots \quad \text{bis auf einen Fehler von } 10^{-4}.$$

     Vergleichen Sie Ihr Ergebnis mit dem Aufruf der vorgegebenen Funktion LN(2).

b) Läßt sich die obige Formel auch dann noch verwenden, wenn der Fehler höchstens 10^{-5} betragen soll?

<u>Hinweis:</u>

Den Abbruchfehler $R_N = \sum_{n=N+1}^{\infty} \frac{(-1)^{n-1}}{n}$

kann man abschätzen durch

$$|R_N| < \frac{1}{N+1}$$

Ähnlich wie in dem obigen Beispiel 6.1 ist bei vielen Aufgabenstellungen die Laufvariable ganzzahlig. Außerdem hat man oft die Schrittweite 1 oder -1 vorzusehen, d.h. zwei aufeinanderfolgende Werte der Laufvariablen unterscheiden sich durch 1 oder -1 voneinander.

Für solche Fälle sieht die Programmiersprache PASCAL zwei verschiedene Formen der FOR-Schleife vor:

```
        FOR l_1 := a_1 TO e_1 DO s;
und     FOR l_2 := a_2 DOWNTO e_2 DO s;
```

Dabei bedeuten

l_1, l_2: Laufvariable,

a_1, a_2: Anfangswerte,

e_1, e_2: Endwerte,

s   : Anweisung, die wiederholt ausgeführt werden soll.

Wir wollen annehmen, daß $a_1 < e_1$ und daß $a_2 > e_2$ gilt. Dann erhält die Laufvariable l_1 der ersten Form den Anfangswert a_1 zugewiesen, und es wird die Anweisung s ein erstes Mal ausgeführt. Dann wird l_1 um 1 erhöht und die Anweisung s erneut ausgeführt. Dies geschieht solange, bis die Schleife

$$(e_1 - a_1 + 1)\ \text{Mal}$$

durchlaufen ist.

Bei der zweiten Form der FOR-Schleife

```
        FOR l_2 := a_2 DOWNTO e_2 DO s;
```

wird im Prinzip genauso wie eben beschrieben verfahren. Der Unterschied besteht lediglich darin, daß die Laufvariable l_2 nach jeder Ausführung der Anweisung s nicht um 1 erhöht, sondern um 1 erniedrigt wird. Entsprechend wird die Schleifenausführung nach

$$(a_2 - e_2 + 1)\text{-maligem}$$

Durchlaufen beendet.

Aufgabe 6.3 (Lösung Seite 104)

Bitte beschreiben Sie die beiden allgemeinen Formen der FOR-Schleife
mit Hilfe der WHILE-Schleife.

Aufgabe 6.4 (Lösung Seite 105)

Bitte berechnen Sie die Quadratwurzel einer Zahl z mit Hilfe der
Iterationsformel (Newton-Verfahren)

$$x_{n+1} := x_n - \frac{x_n^2 - z}{2x_n} \qquad n = 0,1,\ldots$$

ausgehend von einem vorzugebenden Anfangswert x_o bis auf einen
Fehler von 10^{-4}.
Die Zahl z soll eingelesen werden.

<u>Hinweis:</u>

Zum Einlesen von Zahlen dient die Anweisung

    READ(v);

An Stelle von v ist der Name der Variablen anzugeben, für die ein Wert
von der Datenkarte[+] gelesen werden soll. Die Zahlenwerte, die nacheinander durch entsprechende READ-Anweisung eingelesen werden sollen, müssen
auf der Datenkarte hintereinander durch mindestens ein Leerzeichen getrennt sein. Sobald alle Zahlen von einer Datenkarte übertragen sind,
werden die Werte von der nachfolgenden Datenkarte gelesen.

Neben den beiden bisher beschriebenen Schleifenarten, der WHILE-Schleife und
der FOR-Schleife, soll nun die dritte Möglichkeit beschrieben werden. Es handelt
sich um die REPEAT-Schleife, die im Gegensatz zu den beiden oberen mindestens
ein Mal durchlaufen wird. Sie hat die allgemeine Form:

    REPEAT
        s;
    UNTIL ba;

Dabei ist es nicht erforderlich, mehrere Anweisungen $s_1; s_2; \ldots, s_n;$ in einer
"zusammengesetzten Anweisung" s zu vereinigen. Die Schlüsselwörter REPEAT und
UNTIL bilden eine entsprechende Verklammerung der zu wiederholenden Anweisungs-
folge.

Aufgabe 6.5 (Lösung Seite 106)

Bitte berechnen Sie die Eulersche Konstante $e = \sum_{n=o}^{\infty} \frac{1}{n!}$ näherungsweise
bis auf einen Fehler von 10^{-5} mit Hilfe der REPEAT-Schleife.

[+]Falls Sie interaktiv an einem Datensichtgerät arbeiten, beachten Sie bitte
den Hinweis im Lösungsteil.

7 Ausgabe auf dem Drucker; Zeichenvariable

Alle Ergebnisse unserer bisherigen Berechnungen haben wir uns in einer
"Standardausgabe" ausdrucken lassen. Dabei kam es uns nicht auf die Form an,
in der die Zahlen ausgegeben wurden, sondern nur auf die Mitteilung ihres
Wertes. In diesem Abschnitt wollen wir beschreiben, wie man im Arbeitsspeicher
eine Druckzeile aufbereiten kann und wie man eine Druckzeile nach der
anderen ausgeben und dabei die Ausgabe einer Druckseite gestalten kann.

Eine Druckzeile besteht aus 80 oder 132 Druckpositionen, die auf dem Drucker
nebeneinander ausgegeben werden können. Im Arbeitsspeicher des Rechners wird der
Druckzeile ein Bereich zugeordnet. In diesen sogenannten Ausgabepuffer werden
durch entsprechende Ausgabeanweisungen alle Zahlen und Zeichen übertragen
und zwischengespeichert, bevor sie durch eine weitere Ausgabeanweisung "auf
einen Schlag" auf dem Drucker ausgegeben werden.[+)]

Eine Ausgabezeile und damit der interne Ausgabepuffer wird "von links nach
rechts" wie auf einer Schreibmaschine beschrieben: Eine einmal vergebene
Druckposition ist für diese Ausgabezeile belegt und kann nicht nochmals beschrieben werden. Ein Zurückgehen auf eine weiter links liegende Druckposition
ist also nicht möglich. Wir müssen vielmehr die Ausgabeanweisungen mit den
Variablennamen genau in der Reihenfolge angeben, wie die Werte der Variablen
in der Druckzeile erscheinen sollen.

Die Anweisung zum Übertragen eines Variablenwertes in den Ausgabepuffer
lautet in der allgemeinen Form

    WRITE(v:s);

Dabei stehen

    v   für den Variablennamen und
    s   für Spezifikationen, nach denen der Variablenwert in den Ausgabe-
        puffer übertragen wird.

An Stelle des Variablennamens v darf nach der Spezifikation von PASCAL jeder
Ausdruck stehen, der in einer gesonderten Anweisung einer Variablen v zugewiesen werden dürfte. Geben wir einen Ausdruck in der WRITE-Anweisung an, so
wird der Wert des Ausdrucks ermittelt, automatisch einer Hilfsvariablen mit
gleichem Typ zugewiesen und anschließend ausgedruckt. So darf man insbesondere
Aufrufe von Funktionsunterprogrammen an Stelle von v angeben. Da man sich hierdurch eventuell die Fehlersuche erschwert, empfehlen wir, den Funktionsaufruf
in einer Wertzuweisung an eine zusätzliche Variable vorzunehmen und anschließend
die Variable in der WRITE-Anweisung zu verwenden.

[+)]Diese Ausführungen über die Druckausgabe gelten für das interaktive Arbeiten am
Bildschirm in etwas abgewandelter Form: Mit jeder Ausgabeanweisung (WRITE(...);)
erscheint der Zahlenwert bzw. die Zeichenfolge sofort auf dem Bildschirm in der
momentanen Zeile. Die Bildschirmzeile wird mit derselben Anweisung abgeschlossen,
die auf dem Drucker die Ausgabe des internen Puffers bewirkt (WRITELN;).

Die Spezifikation s variiert mit dem Typ der Variablen v, deren Wert auszugeben ist.

I. Ausgabe von INTEGER-Variablen

a) Für eine Variable v vom Typ INTEGER ist als Spezifikation die Angabe einer
Feldweite w erforderlich. Sie gibt an, daß w Druckpositionen für die Ausgabe
vorgesehen sind. In das so angegebene Feld des Ausgabepuffers wird der Wert
der Variablen v "rechtsbündig" übertragen und die überzähligen Druckpositionen
links von der Zahl bleiben leer.
Im Lösungsteil ist auf Seite 106 das Beispiel 7.1 dokumentiert. Bitte beachten
Sie die dort angegebenen Hinweise auf bestehende Unterschiede der einzelnen
PASCAL-Compiler.

Beispiel 7.1 (I)

```
   ...        (N,M  mit Typ INTEGER deklariert)
   N := 31253; M := -446;
   WRITE(N:6);  WRITE(M:7);
   ...
```

Im Ausgabepuffer haben wir nach den beiden WRITE-Anweisungen folgende Situation:

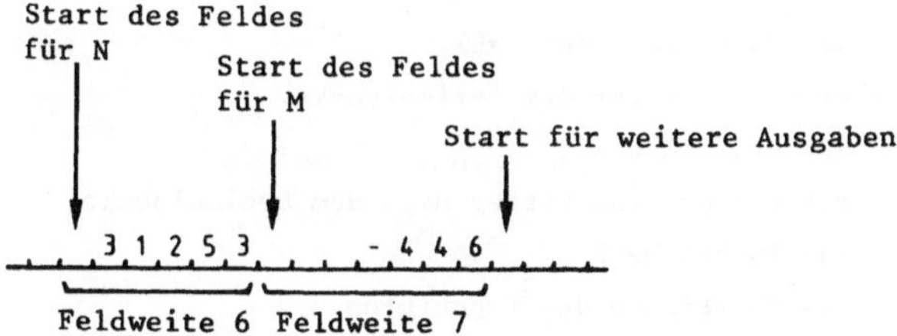

b) Durch die Wahl der Feldweite w müssen wir dafür sorgen, daß alle Ziffern des
auszugebenden Zahlenwertes und das Vorzeichen in dem Feld Platz finden. War
die Feldweite w zu klein angegeben, so wird automatisch eine solche Größe w
gewählt, die eine Ausgabe aller Ziffern und bei negativen Werten auch des
Vorzeichens zuläßt.
Durch die beiden WRITE-Anweisungen

```
   WRITE(N:2);      WRITE(M:3);
```

erhält man mit obigen Werten für N und M die folgenden Felder im Ausgabepuffer:

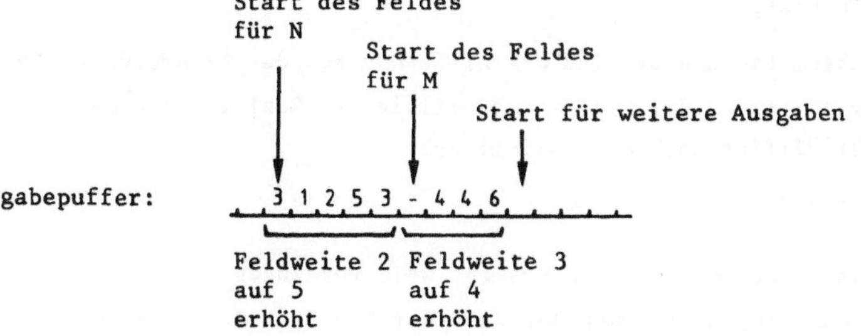

c) Falls wir die Feldweite w überhaupt nicht verwenden, also die WRITE-
Anweisung in der Form

       WRITE(v);

verwenden, wird automatisch eine fest vorgegebene Feldweite gewählt.
Sie hängt von der jeweils benutzten Rechenanlage ab.[+)]

II. Ausgabe von REAL-Variablen in Gleitkommadarstellung

a) Wie wir bereits früher gesehen haben, werden Variable des Typs REAL in
einer normalisierten Form ("Gleitkommadarstellung") ausgegeben, die
folgenden Aufbau hat:

Felder für

Mantisse   Exponent

$\pm$z.zz...zE$\pm$ee

Vorzeichen d Ziffern

Dezimalpunkt

In PASCAL ist vorgesehen, daß für jede Zahl in normalisierter Form

- das Vorzeichen der Zahl,
- eine Ziffer vor dem Dezimalpunkt,
- der Dezimalpunkt,
- mindestens eine Ziffer nach dem Dezimalpunkt,
- der Buchstabe E
- das Vorzeichen des Exponenten und
- zwei Ziffern des Exponenten[++)]

ausgegeben werden. Damit muß die Feldweite w für das Ausgabefeld mindestens 8
sein, d.h. es muß gelten

     $w \geqslant 8.$

Wird die Feldweite w versehentlich kleiner als 8 angegeben, wird automatisch
w = 8 für die Ausgabe angenommen.

Die Anzahl d der Ziffern hinter dem Komma kann man in der Spezifikation s
der allgemeinen Ausgabeanweisung

       WRITE(v:s);

nicht angeben. Sie ergibt sich als Differenz aus der Feldweite w und den sieben
bereits festgelegten Zeichen der normalisierten Zahl (vergleiche Aufzählung
oben, außer "Ziffer nach dem Dezimalpunkt")

     $d = w - 7$

[+)]Bei der von uns benutzten Rechenanlage ist w=10 voreingestellt.

[++)]Für einige Rechenanlagen wird der Exponent durch 3 Ziffern angegeben.

Zusammenfassend kann man sagen:

> Nach dem Dezimalpunkt wird mindestens eine Ziffer angegeben (v < 8).
> War die zugehörige Feldweite w größer angegeben, werden so lange weitere
> Ziffern eingefügt bis das gesamte Feld ausgefüllt ist.[+] Dabei ist die
> letzte angegebene Ziffer gerundet.

Aus diesen Erläuterungen wird verständlich, warum die Spezifikation s nur aus
der Angabe der Feldweite w besteht.

Beispiel 7.1 (II)

    ...(X,Y mit Typ REAL deklariert)

    X := 31253; Y := -446;

    WRITE(X:10); WRITE(Y:4);

    ...

Start des Feldes für X · Start des Feldes für Y · Start für weitere Ausgaben

Ausgabepuffer: +3.125E+04-4.5E+02

Feldweite 10 · Feldweite von 4 auf 8 erhöht

b) Wenn die Spezifikation s insgesamt unterdrückt wird, man also die Form

    WRITE(v);

benutzt, wird eine vorgegebene Zahl von Ziffern hinter dem Dezimalpunkt
ausgedruckt. Diese Zahl hängt von der benutzten Rechenanlage und dem
benutzten Compiler ab.

III. Ausgabe von REAL-Variablen in Festkommadarstellung

a) Neben der Gleitkommadarstellung von REAL-Größen kann man die Zahlen auch in
der Festkommadarstellung ausgeben lassen. Hierbei werden die Zahlen in der
allgemein üblichen Schreibweise für Dezimalzahlen ausgedruckt. Die entsprechende Ausgabeanweisung basiert wieder auf der WRITE-Anweisung, nur ist
in der Spezifikation s im Anschluß an die Angabe w für die Feldweite noch
die Angabe d für die Anzahl der Ziffern nach dem Dezimalpunkt erforderlich,
womit die allgemeine Form lautet:

    WRITE(v:w:d);

Bei der Wahl der Größe w muß man beachten, daß außer den d Ziffern nach
dem Dezimalpunkt

    - das Vorzeichen ("-" bei negativen Werten, Leerzeichen bei positiven)
    - die Ziffernfolge des ganzzahligen Anteils der Zahl
    - der Dezimalpunkt

in dem Feld Platz finden müssen. Falls die Feldweite w zu groß gewählt

---

[+] Dabei spielt es keine Rolle, ob die nachgezogenen Ziffern noch aussagefähig
sind oder nicht.

wurde, werden vor dem Vorzeichen der Zahl Leerzeichen eingefügt; war die
Feldweite w zu klein gewählt worden, so wird automatisch das Feld so lange
erweitert, bis die gesamte Zahl mit der gewünschten Anzahl d von Ziffern
hinter dem Dezimalpunkt ausgegeben werden kann.

Beispiel 7.1 (III)

    ...(X,Y mit Typ REAL deklariert)
    X := 8.43;   Y := -7.136
    WRITE(X:7:3); WRITE(Y:3:2);
    ...

Nach den beiden WRITE-Anweisungen sind folgende Zeichen in den Ausgabepuffer
übertragen worden:

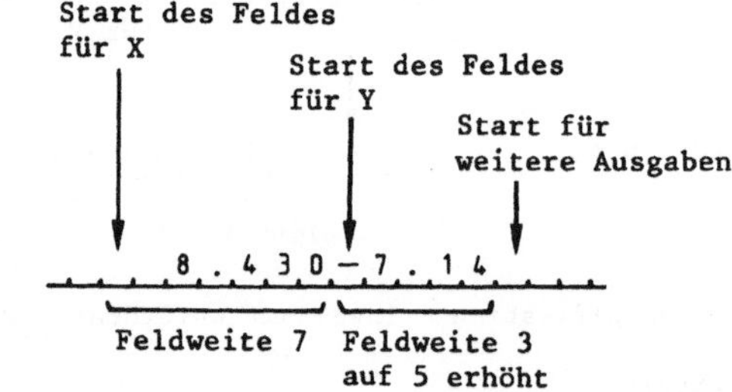

IV. Ausgabe von BOOLEAN Variablen

In Abhängigkeit von dem Wert der Booleschen Variablen v wird bei der Anweisung[+]

a)   WRITE(v:w);

    entweder der Text   T R U E   oder   F A L S E

ausgegeben. An Stelle des Buchstabens w ist wieder die Feldweite anzugeben,
die mindestens 5 Druckpositionen umfassen sollte. Ist sie zu klein gewählt,
so werden nur die ersten w Zeichen des Textes ausgegeben. War dagegen die
Feldweite größer als 5 gewählt, so werden vor dem Text entsprechend viele
Leerzeichen eingefügt. Bei der Kurzform

b)   WRITE(v);

werden jeweils genau die oben angegebenen Texte, bestehend aus 5 Zeichen,
ausgedruckt.

Beispiel 7.1 (IV)

    ... (A,B mit Typ BOOLEAN deklariert)
    A := TRUE;   B := FALSE;
    WRITE(A:7);   WRITE(B:5);
    ...

____

[+] 1) Bei der uns zur Verfügung stehenden Rechenanlage Siemens 7.800 wird bei der
    Ausgabeanweisung nach (w-1) Leerzeichen der Buchstabe T ausgegeben, falls die
    Variable v den Wert TRUE besitzt und der Buchstabe F für FALSE.

    2) Auf Kleinrechnern ist die Ausgabe Boolescher Werte nicht vorgesehen.

Nach den beiden Ausgabeanweisungen sind folgende Texte in den Ausgabepuffer übertragen:

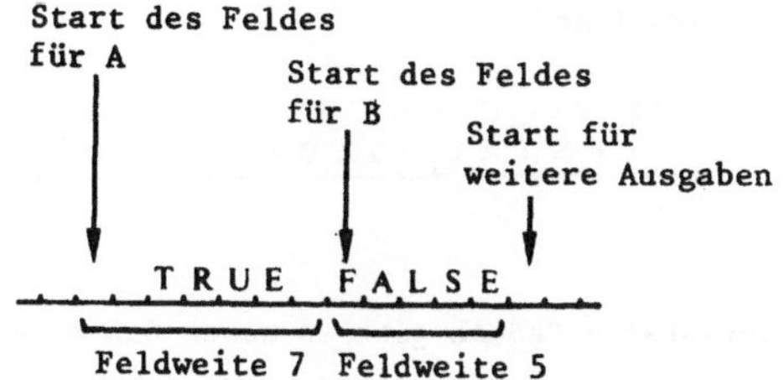

V. Ausgabe von Texten

In einigen Lösungen zu Aufgaben und Beispielen haben wir die Möglichkeit zur Ausgabe von Texten bereits genutzt, ohne sie im einzelnen zu erläutern. Die Ausgabeanweisung hat die allgemeine Form:

```
WRITE('ausgabetext':w);
```

Dabei steht jetzt

ausgabetext

für den Text, den wir durch das WRITE-Statement in den Ausgabepuffer übertragen wollen. Es ist verständlich, daß in diesem Text kein Hochkomma (') enthalten sein darf, da hierdurch der Ausgabetext vorzeitig beendet wäre.[+) Von diesem Zeichen abgesehen darf jedes beliebige Zeichen in dem Ausgabetext angegeben werden.

Wenn die Feldweite größer gewählt wurde als der Ausgabetext Zeichen enthält, bleiben entsprechend viele Druckpositionen vor dem Ausgabetext leer. Ist dagegen die Feldweite w zu klein gewählt, werden nur die ersten w Zeichen, d.h. die am weitesten links stehenden Zeichen des Ausgabetextes in den Ausgabepuffer übertragen. Die restlichen Zeichen werden ohne Fehlermeldung unterschlagen.

Falls wir auf die Angabe der Feldweite w verzichten, also die Form

```
WRITE('ausgabetext');
```

benutzen, wird genau die im Ausgabetext angegebene Zeichenfolge ausgedruckt. Da man das letztere meistens beabsichtigt, empfiehlt sich in fast allen Fällen die zweite Form für die Ausgabe von Texten.

Beispiel 7.1 (V)

```
...

WRITE('TEXTAUSGABE IN PASCAL');

...
```

[+) Soll das Hochkomma dennoch auf dem Drucker erscheinen, so hat man es an der vorgesehenen Stelle 2 mal anzugeben, wodurch ein Hochkomma in den Ausgabetext übernommen wird.

Mit der WRITE-Anweisung wird folgender Text in den Ausgabepuffer übertragen:

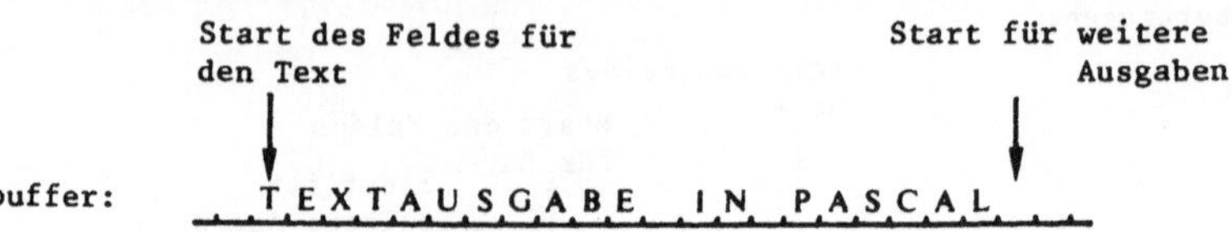

In der Programmiersprache PASCAL gibt es neben den oben benutzten Textkonstanten keine Textvariablen.[+)] Man kann allerdings Variable des Typs CHAR deklarieren, vom englichen Wort character = Zeichen, in denen man jeweils ein einzelnes Zeichen speichern kann. Wie dies geschieht und wie man mit Variablen des Typs CHAR umzugehen hat, wollen wir noch in diesem Abschnitt erläutern, aber erst im Anschluß an die Ausgabe von Zeichenvariablen (vgl. Seite 38).

VI. Ausgabe von Variablen des Typs CHAR

Die Ausgabe einer Zeichenvariablen vollzieht sich ebenfalls durch eine WRITE-Anweisung in der allgemeinen Form

    WRITE(v:w);

Dabei steht der Buchstabe

    v für die Variable des Typs CHAR und
    w für die Feldweite.

Da zur Ausgabe der Variablen v nur eine Druckposition benötigt wird, werden (falls w größer als 1 ist) w-1 Spalten des Ausgabefeldes im Ausgabepuffer durch Leerzeichen besetzt und dann wird das in der Variablen v gespeicherte Zeichen ausgegeben.

Beispiel 7.1 (VI)

    ...(C und D mit Typ CHAR deklariert)
    C := '*';   D := 'Z';
    WRITE(C:5);   WRITE(D:3);
    ...

Nach den beiden WRITE-Anweisungen liegt folgende Situation im Ausgabepuffer vor:

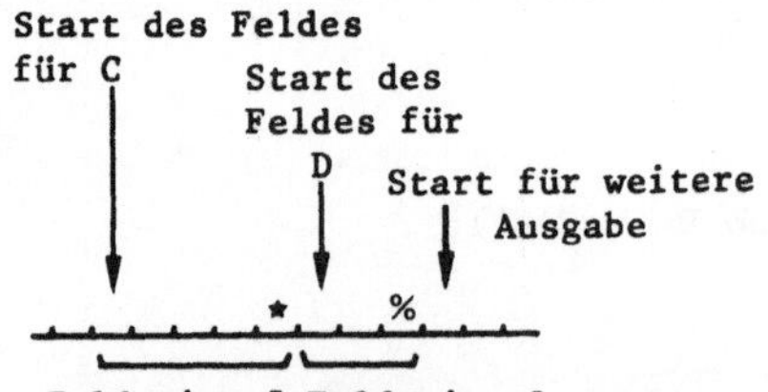

[+)] Wie man trotzdem Texte speichern und bearbeiten kann, wird später im Zusammenhang mit [PACKED] ARRAY ... OF CHAR sowie der Dateiverarbeitung erläutert werden.

Neben der gerade beschriebenen Ausgabeform steht noch folgende allgemeine Form
zur Verfügung

        WRITE(v);

durch die genau eine Druckposition für das auszugebende Zeichen der Variablen v
des Typs CHAR belegt wird.

Wir haben nun für alle (einfachen) Variablenarten beschrieben, wie wir ihren
Wert in den Ausgabepuffer übertragen können und dabei verschiedene Formen der
WRITE-Anweisung kennengelernt. Dabei haben wir für die Ausgabe einer jeden
Variablen eine gesonderte Ausgabeanweisung vorgesehen. Nun ist es erlaubt, mehrere
aufeinanderfolgende WRITE-Anweisungen zu einer einzigen Anweisung zusammenzufassen.
Man muß darauf achten, daß dabei für jede Variable die Spezifikation gesondert
anzugeben ist. So kann man z.B. statt der in Beispiel 7.1 (III), Seite 34,
benutzten Anweisungen

        WRITE(X:7:3);   WRITE(Y:3:2);

kürzer schreiben:

        WRITE(X:7:3,Y:3:2);

Entsprechend kann man bei der Zusammenfassung weiterer WRITE-Anweisungen verfahren.

Wir empfehlen aber zumindest am Anfang für jede Variable, deren Wert man ausdrucken
lassen möchte, eine gesonderte WRITE-Anweisung vorzusehen: Zu leicht kann man sich
beim Schreiben der Programme in der Angabe von einem Doppelpunkt oder Komma
versehen; das Programm meldet dann nicht unbedingt einen Fehler, wie z.B. bei

        WRITE(X:7,3,Y:3:2);

Hierdurch wird folgender Inhalt im Ausgabepuffer erzeugt:[+)]

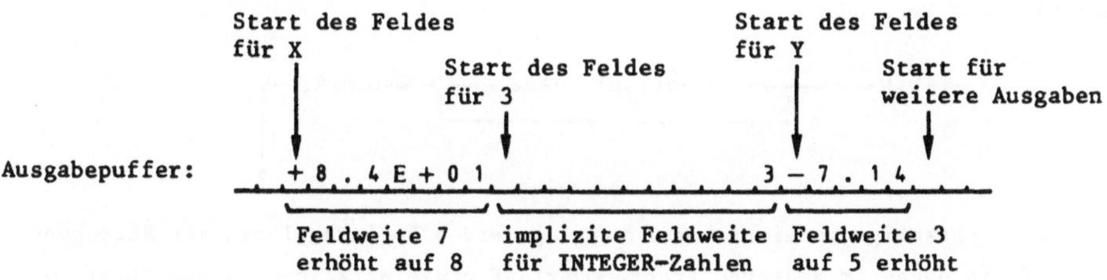

Damit der Inhalt des Ausgabepuffers auf dem Drucker ausgegeben wird, ist
die Anweisung

        WRITELN;   (von write line)

vorgesehen. Anschließend wird der Ausgabepuffer mit Leerzeichen "gefüllt",
so daß für die Abspeicherung der nächsten Ausgabezeile wieder ein leerer Ausgabepuffer bereitsteht.

____

[+)]Bei anderen Rechnern wird ausgegeben (vgl. Seite 107):   8 . 4 3 0 0 0 3 — 7 . 1 4

Ähnlich wie wir oben mehrere WRITE-Anweisungen zusammenfassen konnten, ist
es möglich, mehrere WRITE-Anweisungen mit der WRITELN-Anweisung zu kombinieren
in der Form:

$$\text{WRITELN}(v_1[:s_1]\,[\,,\,v_2[:s_2]\,[\,,\,v_3[:s_3]]...]\,)\,;$$

Bei dieser Form der Ausgabeanweisung werden zunächst die Variablen $v_2,v_2,v_3,...$
mit den gewählten Spezifikationen $s_1,s_2,s_3,...$ in den Ausgabepuffer übertragen
und anschließend der Ausgabepuffer ausgedruckt. Damit ist die obige WRITELN-
Anweisung äquivalent mit der folgenden zusammengesetzten Anweisung

```
    BEGIN
      WRITE(v₁:s₁);
      WRITE(v₂:s₂);
      WRITE(v₃:s₃);
      ...
      WRITELN;
    END;
```

Auf die letzte Form der WRITELN-Anweisung wollen wir unsere obige Empfehlung
ausdehnen: Besser ist es, die WRITE-Anweisung getrennt für jede Variable anzugeben und anschließend die WRITELN-Anweisung nur zur Ausgabe des Puffers zu
verwenden.

Nachdem wir hiermit die Ausgabe von Variablenwerten abgeschlossen haben, wollen
wir noch einmal auf den Variablentyp CHAR eingehen. Die Variablen des Typs CHAR
werden in einer besonderen Deklaration festgelegt. Hierzu dient die folgende
Anweisung, die im Vereinbarungsteil eines Programms oder eines Unterprogramms
parallel zu den übrigen Variablendeklarationen anzugeben ist:

Deklaration von
Variablen des Typs CHAR

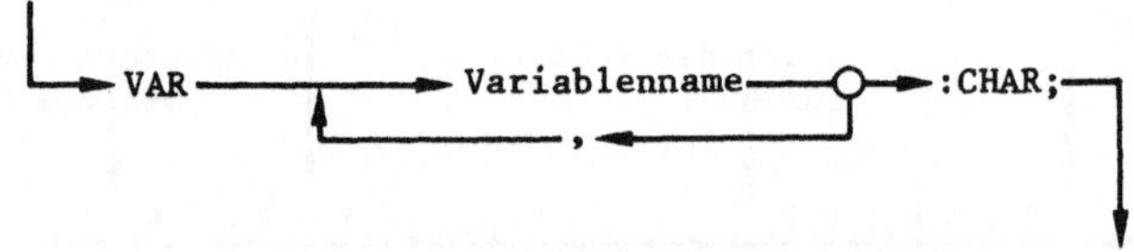

Durch eine derartige Vereinbarungsanweisung werden Speicherplätze zur Verfügung
gestellt, in denen im späteren Programmverlauf einzelne Zeichen gespeichert
werden können.

Der Zeichenvorrat, der auf den einzelnen Rechnern zur Verfügung gestellt wird,
ist unterschiedlich, beschränkt sich aber in der Regel auf 64 oder 128 oder bis
zu 256 verschiedene Zeichen.
Indem man jedem Zeichen eine ganze Zahl zwischen 0 und 63, 0 und 127 oder 0 und 255
zuordnet, kann man die einzelnen Zeichen verschlüsseln ("codieren"). Die Zuordnung
zwischen den Zeichen und den ganzen Zahlen aus dem jeweiligen Intervall ist einmal
festgelegt und muß dann beibehalten werden.

Um möglichst viele Zeichen im Arbeitsspeicher ablegen zu können, stellt man nicht für jede Zeichenvariable einen Speicherplatz in der Größe eines "Wortes" (=Speicherplatz für REAL oder INTEGER-Variable) zur Verfügung, sondern nur einen Teil. Dieser Teil - und damit der Platz für eine Zeichenvariable - umfaßt je nach benutzter Rechenanlage 6, 7 oder 8 Bits, die man dann als neue Einheit auch ein "Byte" nennt.

In Terminals und in Kleinrechnern ist häufig der sogenannte ASCII-Code[+) reali-siert, der 7 Bits zur Verschlüsselung der Zeichen benutzt, in Großrechnern häufig der EBCDI-Code[++) mit 8 Bits. Für beide Codes wird im Anhang, Seite 151, die Code-Tabelle angegeben, aus der die Zuordnung der Zeichen zu den abzu-speichernden Zahlen zu entnehmen ist. - Leider benutzen einige PASCAL-Compiler auch eigene Codes, so daß man als PASCAL-Anwender mit Schwierigkeiten beim Übergang von einer Rechenanlage zu einer anderen rechnen muß.
Im Verarbeitungsteil des Programms oder eines Unterprogramms können wir Wert-zuweisungen an Zeichenvariable vornehmen, dies ist in der Form

    v := z;

möglich, wobei

    v   für eine Zeichenvariable steht und

    z   für eine Zeichenkonstante oder eine andere Zeichenvariable.

Dabei ist eine Zeichenkonstante dadurch gegeben, daß das zu verschlüsselnde Zeichen in Hochkommata eingeschlossen ist. So ist z.B. die Anweisung

    C := '*';

wie wir sie in Beispiel 7.1 (VI) benutzt haben, eine zulässige Wertzuweisung, die in der Variablen C die Verschlüsselung des Multiplikationszeichen erzeugt. Ebenso ist

    C := 'C';

eine zulässige Anweisung, die in der Variablen C die Verschlüsselung des Buchstaben C speichert.

Die Zuordnung der Zeichen zu den ganzzahligen Werten 0 bis 63, 127 bzw. 255 kann man mit Hilfe der vorgegebenen Funktionen

    ORD(c)

    CHR(n)

leicht nachvollziehen. Ein Aufruf in der Form

    v_1 := ORD(c);

liefert in der Variablen v_1 den ganzzahligen Wert, dem die Verschlüsselung des Zeichens c in einem Byte entspricht, und die Wertzuweisung

[+) ASCII: American Standard Code of Information Interchange

[++) EBCDIC: Extended Binary Coded Decimal Interchange Code

$$v_2 := CHR(n);$$

in der Zeichenvariablen v_2 das Zeichen, das der INTEGER-Zahl n entspricht.
(Der Wert von n muß natürlich in dem Intervall von 0 bis 63, 127 bzw. 255
liegen, so daß ihm ein Zeichen zugeordnet werden kann. Einige Compiler prüfen
die Größe des Wertes von n nicht ab, so daß - ohne Fehlermeldung ! - ein
anderes als das gewünschte Zeichen zugeordnet wird; vgl. Lösung zu der nachfolgenden Aufgabe).

Aufgabe 7.1 (Lösung Seite 107)

Bitte lassen Sie sich für die von Ihnen benutzte Rechenanlage die Zuordnung
zwischen den Zahlenwerten und den möglichen Zeichen ausdrucken.

Wir können einen Vergleich zwischen Zeichen durchführen, wobei dieser Vergleich
automatisch über den Aufruf der INTEGER-Funktion ORD(c) auf den Vergleich
ganzzahliger Werte zurückgeführt wird, d.h.

$$c_1 \text{ op } c_2 \text{ ist äquivalent mit } ORD(c_1) \text{ op } ORD(c_2)$$

wobei op für einen auf der Seite 23 angegebenen Vergleichsoperatoren steht,
und c_1, c_2 für Variable oder Konstanten vom Typ CHAR.

8 Eingabe von Daten; die CASE-Anweisung

Bei der Aufgabe 6.4 (vgl. Seite 29) haben wir kurz die Eingabe numerischer
Werte gestreift und dabei die READ-Anweisung kennengelernt. Wir wollen nun die
Eingabeanweisung genauer darstellen und dabei insbesondere auf das Zusammen-
spiel der einzelnen Anweisungen mit den einzugebenden Daten eingehen.

Mit Beginn der Programmausführung steht uns ein "gefüllter" Eingabepuffer
zur Verfügung, aus dem heraus wir die Werte für die einzelnen Variablen lesen
können. Wir müssen also keine gesonderte Anweisung zu Beginn der Programmaus-
führungen zur Übertragung der ersten Datenkarte in den Eingabepuffer vorsehen.

Die Anweisung zum Lesen eines Wertes aus dem Eingabepuffer und zum Übermitteln
dieses Wertes an eine Variable v lautet in der allgemeinen Form

    READ(v);

Dabei darf die Variable v den Typ

    INTEGER, REAL oder CHAR

besitzen. (Die unmittelbare Eingabe von Booleschen Größen ist nicht vorgesehen).
Die Eingabe der Werte gestaltet sich in Abhängigkeit von dem Typ der Variablen v
unterschiedlich, was jetzt beschrieben werden soll.

<u>I. Eingabe für eine INTEGER-Variable</u>

Ausgehend von dem Startpunkt des Feldes wird die Folge von Zeichen gelesen,
die den ganzzahligen Wert ausmachen. Hierzu gehören:

    eventuell vorausgehende Leerzeichen,
    eventuell ein Vorzeichen (+ oder -),
    mindestens eine Ziffer.

Das Lesen der Zahl wird mit dem ersten Zeichen beendet, das keine Ziffer
darstellt; der Start für die weitere Eingabe liegt dann bei dieser
Pufferposition.

Beispiel 8.1 (I)

    ...   (Variable N, M, K mit Typ INTEGER vereinbart)
    READ(N); READ(M); READ(K);

    ...

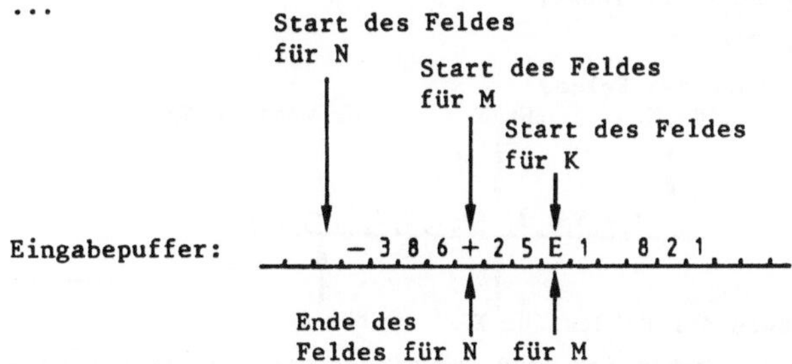

Für die Variable N wird der Wert -386 übertragen; das Feld endet bei
dem Pluszeichen. Hier beginnt dann das Feld für die Variable M, das bei
dem Zeichen E endet. Für M wird also der Wert 25 übertragen und nicht
etwa der Wert 250, den die REAL-Konstante 25E1 darstellt.
Da nun der Startpunkt des Feldes für K bei dem Zeichen E liegt, führt
die nachfolgende Anweisung

    READ(K);

zum Abbruch des Programms.

Wie wir an dem Beispiel gesehen haben, sind in der READ-Anweisung keine
Spezifikationen zur Feldweite möglich. Dies wird voll und ganz durch die
Zeichenfolge in der Eingabe spezifiziert. Daraus ergibt sich die Konsequenz,
daß zwischen den einzelnen Zahlenwerten Trennzeichen angegeben sein müssen,
wobei dies zweckmäßigerweise Leerzeichen sind, da sonst beim nachfolgenden
Leseversuch für eine INTEGER-Variable das Programm mit einer Fehlermeldung
abgebrochen wird (s.o.).

II. Eingabe einer REAL-Zahl

Als Eingabewert muß eine REAL-Konstante eingegeben werden, die eine der Formen[+]

    (±)d ... d   oder   (±)d ... dE(±)dd
    (±)d ... d.d ... d   oder   (±)d ... d.d ... dE(±)dd

besitzen muß. Dabei bedeutet das Zeichen (±), daß als Vorzeichen ein Pluszeichen oder ein Minuszeichen angegeben sein kann und d, daß hier eine
Dezimalziffer (digit) anzugeben ist.

Mit der Anweisung

    READ(v);

für die REAL-Variable v beginnt der Einlesevorgang bei dem Startpunkt des
Feldes und endet bei dem ersten Zeichen, das nicht zu einer der obigen Formen
paßt. Für die nachfolgende Eingabeanweisung ist der Startpunkt dann dieses
Zeichen.

Beispiel 8.1 (II)

    ... (X, Y mit Typ REAL vereinbart)
    READ(X);   READ(Y);
    ...   Start des Feldes
                         für X   für Y   für weitere Eingaben

    Eingabepuffer: − 0 . 5 E 3   0 . 0 3 1 + 7

                         Ende des Feldes für X   für Y

[+] Falls der Dezimalpunkt angegeben ist, muß ihm mindestens eine Ziffer voraus-
gehen und mindestens eine Ziffer folgen.

Nach den beiden Anweisungen besitzt die Variable X den Wert -500.0 und die Variable Y den Wert 0.031.

III. Eingabe von Zeichen-Werten

Ist v eine Variable vom Typ CHAR, so wird durch

    READ(v);

genau das Zeichen aus dem Eingabepuffer übertragen und der Variablen v zugewiesen, das auf dem Startplatz des Feldes angegeben ist. Für einen späteren Einlesevorgang wird der Startplatz des Feldes um eine Position weitergerückt.

Beispiel 8.1 (III)

    ... (Z als Variable des Typs CHAR vereinbart)
    READ(Z);
    ...

                              Start des Feldes
                              für Z
                                  ↓
    Eingabepuffer: % N R   1
                                  ↑
                          Ende des Feldes
                          für Z

Nach der READ-Anweisung besitzt die Variable Z die Verschlüsselung des Zeichens %.

In unserer bisherigen Beschreibung der Eingabeanweisungen haben wir die Einteilung der Datenfelder - d.h. die Felder, in denen die einzulesenden Werte angegeben sind - als gegeben hingenommen. Das jeweilige Feld begann mit einem Trennzeichen (in der Regel ein Leerzeichen), das oben mit "Start des Feldes" angedeutet wurde und endete mit dem nächsten Trennzeichen, oben angedeutet mit "Ende des Feldes". Lediglich bei der Eingabe von Zeichenwerten ist kein Trennzeichen erforderlich: es wird genau ein Zeichen gelesen. Wir wollen nun beschreiben, wie die Datenfelder zueinander stehen.

In anderen Programmiersprachen beschreibt man die Eingabedaten am einfachsten dadurch, daß man sich eine Folge von Lochkarten vorstellt, in denen die einzelnen Werte abgelocht sind. Jeder Lochkarte entspricht ein "Datensatz". Jeder Datensatz hat die Länge 80, die den 80 Spalten einer Lochkarte entsprechen. Dabei spielt es keine Rolle, ob die 80 Spalten zur Angabe von Daten ausgenutzt worden sind oder nicht. Die Folge der Lochkarten bzw. die Folge der Datensätze bildet eine Datei, in unserem Fall die Eingabedatei.

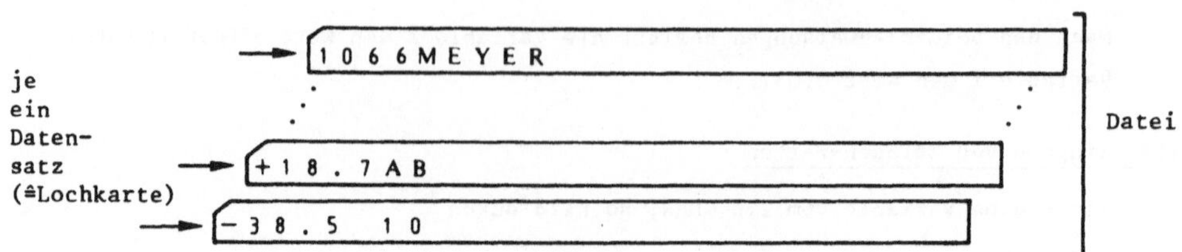

In der Programmiersprache PASCAL kennt man "Datensätze mit fester Länge"
(= "Record") nicht. Dies hat zwei Gründe:

1) Wie wir im Zusammenhang mit den Ausgabeanweisungen gesehen haben (vgl. z.B.
Seite 31), kann die Länge eines Datenfeldes von den Angaben in der
WRITE-Anweisung abweichen. Damit wird automatisch die Länge des Datensatzes
verändert.[+)]

2) Die Programmiersprache PASCAL wird vorwiegend an Terminals bzw. an Kleinrechnern verwendet. Dort ist ein Eingabesatz beendet, wenn die Taste
"line feed" oder "return" (o.ä.) gedrückt wird und nicht dann, wenn die 80
Positionen der Eingabezeile beschrieben sind.

Diese Überlegungen haben dazu geführt, daß man sich für PASCAL eine andere
Vorstellung von einer Datei - und damit auch von einer Eingabedatei - machen muß.

Man stellt sich die Eingabedatei als eine Folge von Zeichen vor, die alle
aneinander gereiht sind. Immer dann, wenn am Terminal die Taste "line feed"
oder "return" gedrückt wurde, wird in der Folge von Zeichen eine "Zeilenmarkierung"
eingetragen; dies ist ein Zeichen, das nicht zum Zeichenvorrat von PASCAL gehört.
Am Schluß der Eingabe muß durch eine besondere Anweisung am Terminal - z.B. nach
Drücken einer ETX-Taste ("end of text") - mitgeteilt werden, daß hiermit die
Eingabedatei beendet sein soll. Dann wird ein weiteres spezielles Zeichen, das
nicht zum Zeichenvorrat von PASCAL gehört, als letzte Eintragung in die Datei
geschrieben. Wir haben damit folgenden Aufbau für eine Eingabedatei in
PASCAL vorliegen.[++)]

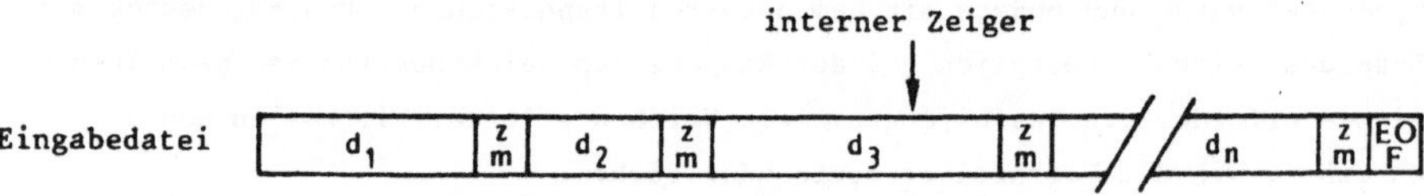

Dabei stehen

$d_1, \ldots, d_n$ für die einzelnen Eingabedaten innerhalb einer Zeile

[z m]   für die Zeilenmarkierung (end of line)

[EO F]   für die Markierung "Ende der Datei" (end of file)

[+)] Wir werden später sehen, wie man ausgegebene Daten erneut lesen kann vgl. Seite 76.

[++)] a) Man mache sich klar, daß die abweichende Struktur von PASCAL-Dateien zu
Problemen führt, wenn man dieselben Dateien von Programmen mit unterschiedlichen Programmiersprachen bearbeiten lassen will.
b) Die letzte Zeilenmarkierung in der Datei kann fehlen.

Man stellt sich nun vor, daß die gesamte Datei in der oben angedeuteten Struktur
im PASCAL-Programm zur Verfügung steht. Es sind also keine Anweisungen erforderlich, die Teile der Datei ("satzweise" oder "blockweise") von dem Eingabemedium
in den Arbeitsspeicher übertragen. Wir können durch die oben beschriebene
READ-Anweisung unmittelbar Zahlen oder Zeichen aus der Datei lesen. Dabei beginnt das Einlesefeld jeweils an der Position, auf die der interne Zeiger gerade
verweist. Nach Abschluß der READ-Anweisung verweist der Zeiger auf die Position,
die der gerade gelesenen Zahl oder dem Zeichen unmittelbar folgt. Die Zeilen-
markierung $\boxed{\begin{smallmatrix} z \\ m \end{smallmatrix}}$ wird beim Lesevorgang wie ein Leerzeichen interpretiert, jedoch
mit dem Unterschied, daß die vorgegebene Boolesche Funktion mit dem Namen

     EOLN   (von end of line)

bei ihrem Aufruf den Wert TRUE liefert, wenn der interne Zeiger auf eine
Zeilenmarkierung verweist. Steht der interne Zeiger innerhalb der Datenbereiche
d_1, d_2,..., d_n, dann besitzt die Boolesche Funktion EOLN den Wert FALSE.

Den internen Zeiger können wir – wie gerade beschrieben – durch die READ-
Anweisung um eine Zahl oder ein Zeichen weitersetzen. Zusätzlich haben wir die
Möglichkeit, durch die Anweisung

     READLN;   (von read line)

den internen Zeiger unmittelbar hinter die nächste Zeilenmarkierung $\boxed{\begin{smallmatrix} z \\ m \end{smallmatrix}}$
zu positionieren, um dann von dieser Zeile die weiteren Daten zu lesen.

Wenn alle Daten eingegeben sind und der interne Zeiger auf die Marke 
verweist, liefert ein Aufruf der vorgegebenen Boolesche Funktion

     EOF   (von end of file)

den Wert TRUE. Verweist der interne Zeiger noch nicht auf die Marke $\boxed{\begin{smallmatrix} EO \\ F \end{smallmatrix}}$
so liefert die Funktion EOF den Wert FALSE.

Falls die Anzahl der einzulesenden Daten unbekannt ist, kann man die
Funktion EOF zum Steuern der Eingabeanweisungen verwenden. Hierfür bietet
sich die WHILE-Schleife in folgender Form an:

```
READ(v);
WHILE NOT EOF DO
BEGIN
        Verarbeitung der Variablen v
        mit dem zuvor eingelesenen Wert
    READ(v);
END;
```

Hierbei muß man sicher sein, daß die letzte Zeilenmarkierung $\boxed{\begin{smallmatrix} z \\ m \end{smallmatrix}}$ in der
Datei vorhanden ist, weil sonst mit dem Übertragen des letzten Wertes
gleichzeitig das Datei-Ende festgestellt wird, also die Funktion EOF den

Wert TRUE liefert und damit die Schleife ohne Bearbeitung des zuletzt
gelesenen Wertes aus der Datei beendet wird. Hier empfiehlt sich deshalb ein
Probelauf (wegen weiterer Einzelheiten vgl. Lösung zu Aufgabe 8.1, Seite 110).

Wenn man mehreren Variablen Werte aus der Eingabedatei übermitteln will,
kann man dies in einer einzigen READ-Anweisung tun. So kann man statt einer
Folge von READ-Anweisungen:

$$READ(v_1);$$
$$READ(v_2);$$
...
$$READ(v_n); \quad \text{kürzer schreiben: } READ(v_1,v_2,...,v_n);$$

Eine ähnliche abkürzende Schreibweise ist für die Eingabeanweisungen in
Verbindung mit READLN; vorgesehen. So kann man statt

$$READ(v_1,v_2,...,v_n);$$
$$READLN; \quad \text{kürzer schreiben: } READLN(v_1,v_2,...,v_n);$$

Die Anweisung

$$READLN(v_1,v_2,...,n_n);$$

interpretiert man unvoreingenommen leicht als "Lesen einer neuen Zeile und
Übertragen von Werten für die Variablen $v_1,v_2,...,v_n$". Dies ist nach der
obigen Definition falsch. Vielmehr werden von der momentanen Position des
internen Zeigers an die Werte für die Variablen $v_1,...,v_n$ übertragen und
zum Schluß des Lesevorgangs wird der interne Zeiger hinter die nächste
Zeilenmarkierung $\boxed{\frac{z}{m}}$ positioniert.

Beispiel 8.2 (Lösung Seite 109)

    ...(J,K,L mit Typ INTEGER deklariert)
    READLN(J,K,L);

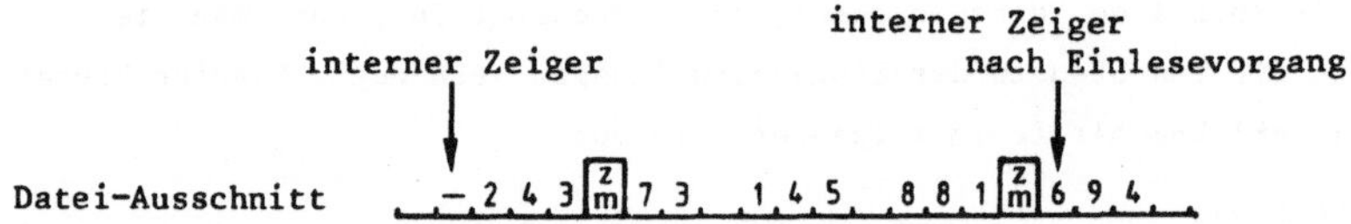

Nach der READLN-Anweisung besitzen die Variablen J,K und L die folgenden
Werte:

    J = -243   K = 73   L = 145

Der Wert 881 wird überlesen, weil der interne Zeiger hinter die nächste
Zeilenmarkierung (auf die Ziffer 6) positioniert wird.

Wie man sich an Hand der Beschreibung der READLN-Anweisung und an Hand des
Beispiels 8.2 klarmachen kann, wird das Ende der Datei bei Verwendung der
READLN-Anweisung an Stelle des READ-Statements genau eine Eingabe-Anweisung zu

früh erkannt.[+] Deshalb kann man die oben angegebene WHILE-Schleife zum Einlesen von Daten nicht ohne weiteres übertragen. Vielmehr hat man zu programmieren:

```
WHILE NOT EOF DO
BEGIN
    READLN(v_1,...,v_n);
    ⌐ Verarbeitung der Variablen v_1,v_2,...,v_n
    └ mit den zuvor eingelesenen Werten
END;
```

Hierbei muß man sicher sein, daß jeweils n Werte für die Variablen $v_1,v_2,\ldots,v_n$ bereitstehen, damit nicht am Ende der Datei nur einige der Variablen Werte aus der Datei zugewiesen bekommen. Ob das Programm mit einer Fehlermeldung abbricht ("Lesen von Daten nach EOF versucht") oder das Programm irgendwelche Werte für die restlichen Variablen annimmt, hängt von dem benutzten Compiler ab. Man sollte an kleinen Testprogrammen die Wirkungsweise der Eingabe von Daten der benutzten Rechenanlage ausprobieren.

<u>Aufgabe 8.1</u> (Lösung Seite 110)

Bitte testen und interpretieren Sie die oben angegebenen Einleseschleifen am Beispiel der Berechnung eines Mittelwertes

$$m = \frac{1}{n} \sum_{j=1}^{n} x_j \qquad \text{von einzulesenden Werten } x_j.$$

<u>Hinweis:</u> Geben Sie nur wenige Werte ein, damit Sie das Ergebnis leicht überprüfen können. Variieren Sie die Eingabe der Werte, um die Unterschiede zu erkennen.

Bei der Eingabe von Daten will man bei einigen Anwendungen den Inhalt der Daten in Abhängigkeit von einem vorausgehenden Steuerzeichen interpretieren. Da man in der Regel mehr als zwei Möglichkeiten vorsehen muß, wäre die Programmierung der gegebenen Fälle durch eine Folge von IF-Anweisungen recht umständlich. Zur Bearbeitung derartiger Fallunterscheidungen bietet sich die CASE-Anweisung an, deren allgemeine Form aus dem folgenden Syntax-Diagramm abgelesen werden kann:[++]

CASE-Anweisung

```
└─► CASE ─► Variable ─► OF ─┬─► Konstante ─O─► : ─► Anweisung; ─O─► END ─
                            └─────── , ◄──────┘
```

[+] Dies gilt nur für die Programmausführung im Batchbetrieb ("Stapelverarbeitung") einer Rechenanlage, nicht bei interaktiver Eingabe von Daten. - Wegen der vielen Fehlermöglichkeiten bei der Dateneingabe zu einem PASCAL-Programm siehe Lösung zu Aufgabe 8.1, Seite 110.

[++] Nach der Sprachspezifikation von PASCAL ist an Stelle der Variablen ein "Ausdruck" vorgesehen. In der Praxis gibt man aber an dieser Stelle immer eine Variable an.

Die Handhabung der CASE-Anweisungen wollen wir an einem Beispiel verdeutlichen:[+)]

Beispiel 8.3 (Lösung Seite 114)

Es soll ein Programm zum Schreiben von Rechnungen entwickelt werden. Für jeden Kunden liegen folgende Datenkarten vor:

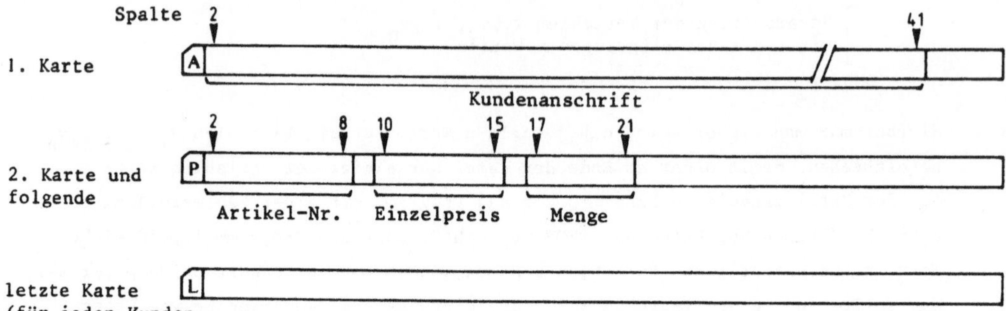

Das vollständige Programm ist im Lösungsteil angegeben, wir wollen uns hier auf die wesentlichen Teile für die CASE-Anweisung konzentrieren.

```
PROGRAM RECHNUNG (INPUT,OUTPUT);
  VAR ANR: INTEGER;     SU,ME,EP : REAL;     CH : CHAR;
      Deklaration der Prozeduren
        ANSCHR:    zum Lesen und Ausdrucken der Anschrift
        POSTEN:    Berechnung und Ausgabe eines Einzelpostens,
                   Akkumulieren der Summe SU
        SUMME:     Ausgabe der Endsumme
BEGIN
  SU := 0;
  WHILE NOT EOF DO
  BEGIN
    READ(CH);
    CASE CH OF
      'A': ANSCHR;
      'P': BEGIN READ(ANR,EP,ME);
                 POSTEN(ANR,EP,ME,SU);        CASE-Anweisung
           END;
      'L': BEGIN SUMME(SU); SU := 0; END;
    END;
    READLN;
  END;
END.
```

[+)]Das Beispiel ist in der vorgestellten Form nur für die Lochkarteneingabe sinnvoll.

Im Verarbeitungsteil des Programms wird auf Grund der Anweisung

    READ(CH);

das Zeichen aus der ersten Spalte der Lochkarte in die Variable CH übertragen. Auf Grund der Aufgabenstellung darf dies nur einer der Buchstaben 'A', 'P' oder 'L' sein.

In der CASE-Anweisung wird geprüft mit welcher der Konstanten - in unserem Beispiel die Buchstaben 'A', 'P' und 'L' - der Ausdruck - in unserem Fall die Zeichenvariable CH - übereinstimmt. Bei der Konstanten, für die eine Übereinstimmung festgestellt wurde, wird das Programm fortgesetzt, d.h. es wird die hinter der Konstanten angegebene Anweisung ausgeführt. Alle anderen Anweisungen innerhalb der CASE-Anweisung werden übersprungen.

In unserem obigen Programmausschnitt wird die Prozedur ANSCHR aufgerufen, falls die Variable CH das Zeichen 'A' gespeichert hat. Durch die Prozedur ANSCHR wird die restliche Eingabekarte interpretiert und ausgedruckt (vgl. Lösung auf Seite 114). Da anschließend die übrigen Anweisungen bis zum Ende der CASE-Anweisungen übersprungen werden, wird als nächste die READLN-Anweisung ausgeführt. Solange das Ende der Eingabedatei noch nicht erreicht ist, die Größe EOF also noch den Wert FALSE besitzt, wird anschließend das erste Zeichen der (neuen) Karte gelesen usw.

Nun kann es leicht geschehen, daß man sich bei der Eingabe verschreibt, und z.B. ein anderes Zeichen als die Buchstaben 'A', 'P' oder 'L' in der 1. Spalte angibt. Dann kann in der CASE-Anweisung keine Übereinstimmung zwischen dem Ausdruck und den angeführten Konstanten festgestellt werden. Nach der Sprachdefinition von PASCAL wird dann die Programmausführung mit einer Fehlermeldung abgebrochen. Will man den Programmabbruch vermeiden, so muß man die Fehlermöglichkeiten durch entsprechende IF-Anweisungen vor Ausführung der CASE-Anweisung abfangen.

Da dies die Anwendung der CASE-Anweisung sehr unhandlich macht, weichen viele Compiler vom Sprachstandard ab. So wird bei einigen Compilern[+)] im Falle nicht passender Konstanten in der CASE-Anweisung die gesamte Anweisung übersprungen. Andere Compiler lassen eine Erweiterung der CASE-Anweisung in der Form zu, daß als weiterer Fall die Nichtübereinstimmung möglich wird. Hierzu wird ein Schlüsselwort wie z.B. OTHERS, OTHERWISE oder ELSE benutzt. Damit hat die CASE-Anweisung dann folgende Form:

[+)] z.B. UCSD-PASCAL.

CASE-Anweisung

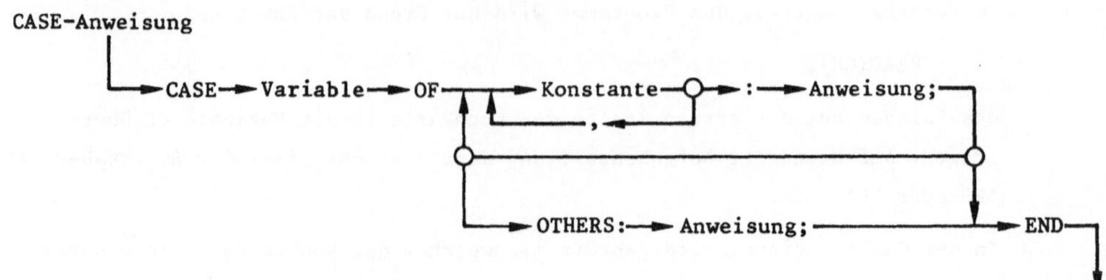

Ob man diese nicht standardisierte Form der CASE-Anweisung verwendet,
hängt davon ab, ob man das entwickelte Programm auf einer anderen Rechenanlage einsetzen will oder nicht.

Aufgabe 8.2 (Lösung Seite 116)

Bitte ändern Sie die CASE-Anweisung des Beispiels 8.3 in eine
Folge von IF-Anweisungen um.

Aufgabe 8.3 (Lösung Seite 116)

Als Beispiel für die Anwendung der CASE-Anweisungen geben Sie bitte
ein interaktives Programm an, das wie bei einem Taschenrechner für
die Eingabe einer Grundrechenaufgabe in der Form

        Operand_1   Operation   Operand_2
das Ergebnis der geforderten Rechenoperation ausdruckt.

[+)] Wegen "Variable" siehe Fußnote auf Seite 47.

9 Polynome; Vektoren und Matrizen; TYPE-Vereinbarung

In einer Rechenanlage sind als arithmetische Verknüpfungen nur die vier
Grundrechenarten (Addition, Subtraktion, Multiplikation und Division)
durchführbar. Deshalb müssen die Funktionsberechnungen der mathematischen
Funktionen wie z.B. e^x, ln x, sin x, $\sqrt{x}$ auf eine näherungsweise Darstellung
mit Hilfe der Grundrechenarten reduziert werden. Dies ist durch die An-
näherung der Funktionen durch sogenannte Polynome möglich, so daß dem
Umgang mit Polynomen in der Rechenanlage besondere Bedeutung zukommt.

Allgemein versteht man unter einem Polynom einen Ausdruck der Art:

$$y = \sum_{j=0}^{n} a_j x^j = a_0 + a_1 x + a_2 x^2 + \ldots + a_{n-1} x^{n-1} + a_n x^n$$

Dabei wird n der Grad des Polynoms genannt, wenn der Koeffizient a_n von
Null verschieden ist. Offensichtlich ist das Polynom eindeutig mit den
Koeffizienten $a_0, a_1, \ldots, a_{n-1}, a_n$ festgelegt.

Die Koeffizienten können wir zu einem Vektor, dem sogenannten Koeffizientenvektor

$$A = (a_0, a_1, \ldots, a_n)$$

zusammenfassen. In PASCAL können wir uns einen Bereich im Arbeitsspeicher für
den Vektor A reservieren lassen, und im späteren Verlauf des Programms können
wir über die einzelnen Koeffizienten a_j verfügen, indem wir auf die Komponenten
des Vektors A zugreifen. Wir wollen dies an einem Beispiel verdeutlichen.

Beispiel 9.1 (Lösung Seite 117)

Im Intervall (-1, 1) wird die Funktion $f(x) = \sin \frac{\pi}{2} x$ bis auf einen
Fehler von $1,2 \cdot 10^{-4}$ durch das Polynom 5. Grades:

$$y = \sum_{j=0}^{5} a_j x^j$$

mit den Koeffizienten[+)

$a_1 = 1,5706268$

$a_3 = -0,6432292$ und $a_0 = a_2 = a_4 = 0$

$a_5 = 0,0727102$

angenähert. Wir wollen das Polynom in dem Intervall mit einer Schrittweite
von 0,2 berechnen.

Der Koeffizientenvektor besitzt in unserem Beispiel 6 Speicherplätze für die
Koeffizienten $a_0, a_1, \ldots, a_5$. Wir müssen deshalb einen Vektor mit 6 Komponenten
vorsehen, wobei jede Komponente den Typ REAL besitzen soll. Im Vereinbarungsteil unseres PASCAL-Programms nehmen wir die Festlegung des Bereichs für den
Vektor A in zwei Schritten vor:

[+)] Siehe G. Hastings, Approximations for Digital Computers, Princeton,
New Jersey 1955, Seite 138.

1) Zunächst einmal legen wir die Struktur des Bereichs fest. Hierbei müssen wir angeben, welche Werte die Indizes annehmen können (in unserem Beispiel: 0..5) und wir müssen beschreiben, wie jeder einzelne Speicherplatz interpretiert werden soll (in unserem Beispiel : REAL).

Zur Festlegung der Struktur wird die TYPE-Deklaration benutzt, die für unser Beispiel lautet:[+)]

     TYPE name = ARRAY [0..5] OF REAL;

2) Mit der gerade festgelegten Struktur wird anschließend ein Bereich reserviert. Hierzu dient die bereits früher beschriebene Variablen-Deklaration, die wir jetzt in der Form benutzen:

     VAR A : name;

Beide Deklarationen zusammen haben wir wie folgt zu interpretieren:

Mit Hilfe der TYPE-Deklaration haben wir die Möglichkeit, einen neuen Typ für Variable in unser PASCAL-Programm einzuführen. Dabei ist der Name des Typs von uns mit der dargestellten Regel zur Festlegung von Namen (vgl. Seite 2) frei wählbar, was wir oben durch "name" angedeutet haben.

In der nachfolgenden Deklaration von Variablen - eingeleitet durch das Schlüsselwort VAR - können wir den zuvor vereinbarten Typ "name" parallel zu den bisher beschriebenen Typ-Festlegungen BOOLEAN, CHAR, INTEGER und REAL verwenden.

Damit haben wir durch die beiden Anweisungen

     TYPE name = ARRAY [0..5] OF REAL;

und

     VAR A : name;

für eine Variable A mit dem Typ "name" einen Speicherbereich mit insgesamt 6 Speicherplätzen des Typs REAL reserviert:

    A |___|___|___|___|___|___|

Die einzelnen Speicherplätze dieses Bereichs fassen wir auf als Komponenten des Vektors A, die wir durch $A[j]$ im späteren Programmablauf ansprechen können, wobei der arithmetische Ausdruck j die Werte $0,1,\ldots,5$ annehmen darf. Durch Wertzuweisungen der Form

$$A[j] := a_j$$

können wir in den Komponenten des Vektors A die Koeffizienten a_j des Polynoms abspeichern, so daß wir erhalten

---

[+)] Statt der eckigen Klammern werden auf einigen Rechenanlagen die Zeichenkombinationen

     (.   für eckige Klammer auf und
     .)   für eckige Klammer zu

verwendet; dies ist nach der Sprachspezifikation von PASCAL eine zugelassene Alternative (vgl. Seite 149).

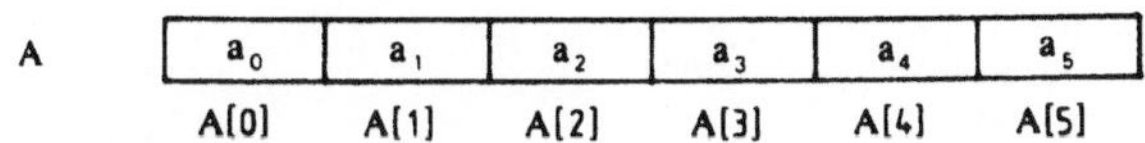

Nach diesen Erläuterungen wollen wir das Programm zu Beispiel 9.1 geschlossen
angeben und für weitere Detailfragen auf den Lösungsteil verweisen.

```
PROGRAM POLYNOMBER(INPUT,OUTPUT);
   CONST XMIN = -1.0;
         XMAX =  1.0;
         DX   =  0.2;
   TYPE  VKT =  ARRAY [ 0..5 ] OF REAL;

   VAR X,Y :  REAL;
       A   :  VKT;

   FUNCTION POL(X:REAL; A:VKT; N:INTEGER) : REAL;
      VAR S : REAL;
          J : INTEGER;

   BEGIN
      S := 0;
      FOR J := N DOWNTO O DO
         S := S*X+A[J];
      POL := S;
   END;
BEGIN
   A[O] := O; A[1] := 1.5706268;
   A[2] := O; A[3] :=-0.6432292;
   A[4] := O; A[5] := 0.0727102;
   X := XMIN;
   REPEAT
      Y := POL(X,A,5);
      WRITE(X:6:2); WRITE(Y:7:3); WRITELN;
      X := X+DX;
   UNTIL X > XMAX;
END.
```

In dem obigen Programm haben wir die TYPE-Deklaration notwendigerweise zwischen
der Deklaration von Konstanten und der Variablendeklaration eingefügt. – Da in der
Variablenvereinbarungen Informationen aus der TYPE-Deklaration verwendet werden,
ist verständlich, daß die neue Anweisung vor den Variablenvereinbarungen angegeben
werden muß. Daß sie andererseits nach den Konstantenfestlegungen anzugeben ist,
hat folgenden Grund.

In PASCAL müssen die Index-Grenzen der Vektoren und Matrizen (allgemein gesagt:
Felder oder "Arrays") als konstante Werte angegeben werden. Um nun bei einer
Änderung der Indexgrenzen nicht alle TYPE-Deklarationen betrachten und dort
ändern zu müssen – die ja in einzelnen Unterprogramm-Deklarationen angegeben sein
können – kann man in der Konstantenvereinbarung eine gemeinsame (konstante) Grenze
für die einzelnen Felder vorsehen und auf diese in den Array-Angaben zurückgreifen.
So hätten wir zum Beispiel angeben können:[+)]

[+)] Zwar wird hierdurch der Eindruck erweckt, als ob die obere Indexgrenze
variabel ist, doch dies ist nicht der Fall, da N als Konstante vereinbart wurde.
In PASCAL ist die sogenannte dynamische Feldvereinbarung, d.h. die
Deklaration von Arrays mit variablen Indexgrenzen generell nicht möglich.

```
CONST XMIN = ...;
      XMAX = ...;
      DX   = ...;
      N    =   5;
TYPE VKT = ARRAY [0..N] OF REAL;
```

Aufgabe 9.1 (Lösung Seite 118)

Bitte berechnen Sie das Hermite-Polynom 5. Grades

$$H_5(x) = x^5 - 10x^3 + 15x$$

im Intervall (-2, 2) mit einer Schrittweite von 0,1 und stellen Sie
den Funktionsverlauf graphisch dar.

Hinweis: Man kann die x-Achse senkrecht zu den Ausgabezeilen, d.h. parallel
zur linken Papierkante legen. Dann entspricht dem (konstanten) Zuwachs der
x-Werte jeweils ein Zeilenvorschub. Der Graph der Funktion $H_5(x)$ kann dann
über die vorgesehenen Druckpositionen der einzelnen Ausgabezeilen gespreizt
werden.

Wir haben oben beschrieben, wie wir einen Vektor deklarieren können, dessen
Komponenten den Typ REAL besitzen. In gleicher Weise können wir Vektoren
vereinbaren, deren Komponenten den Typ BOOLEAN, CHAR oder INTEGER besitzen sollen.
Wir haben damit folgende allgemeine Form der Deklaration von Vektoren:[+)]

```
TYPE name = ARRAY [ugr .. ogr] OF komp-typ;
...
VAR v : name;
```

Dabei stehen

name   für den Namen, der in der Typ-Vereinbarung als neuer Typ
            festgelegt wird

ugr, ogr   für untere und obere Indexgrenze des Vektors (ugr, ogr
            müssen konstante Werte sein)

komp-typ   für eines der Schlüsselwörter BOOLEAN, CHAR, INTEGER oder REAL
            (hierdurch wird festgelegt, welchen Typ die Komponenten des Vektors
            besitzen sollen).[++)]

In der späteren Vereinbarung

```
VAR v : name;
```

wird für die Variable v jetzt der Typ "name" vereinbart und dabei ein Vektor
im Arbeitsspeicher reserviert, der die Grenzen ugr und ogr für den Index hat
und dessen Komponenten v[i] den zuvor vereinbarten Typ (komp-typ) besitzen.

[+)] Siehe Hinweis (2) zu Beispiel 9.1, Seite 117, bzw. Seite 58ff.

[++)] Wir werden den Komponententyp später noch verallgemeinern können.

Von den mathematischen Anwendungen her ist es naheliegend, die Komponenten eines Vektors über einen Index zu bestimmen, der ganzzahlig ist. Die Programmiersprache PASCAL verallgemeinert den Begriff des "Index" als einer Größe, die nur ganze Zahlen annehmen darf, auf die Elemente einer Indexmenge. An die Indexmenge wird die Forderung geknüpft, daß sie geordnet ist. So ist die Folge der ganzen Zahlen O bis 5 eine zulässige Indexmenge, und wir durften für diese Indexmenge ein Array vereinbaren (vgl. Beispiel 9.1) in der Form

    TYPE VKT = ARRAY [0..5] OF REAL;

Wir hätten auch alle Elemente der Indexmenge angeben dürfen:[+] So ist
    TYPE VKT = ARRAY [(0,1,2,3,4,5)] OF REAL;

ebenfalls eine zulässige Vereinbarung, die denselben Typ für VKT festlegt. Da die Buchstaben 'A', 'B', 'C',..., 'Z' ebenfalls eine geordnete Menge von Elementen darstellen, ist auch die folgende Vereinbarung zulässig:

    TYPE VKT1 = ARRAY ['A'.. 'Z'] OF REAL;
    ...
    VAR Y : VKT1;

Die 26 Komponenten des Vektors Y besitzen den Typ REAL und man kann jede einzelne Komponente durch eine Variable oder Konstante vom Typ CHAR aufrufen, die die Verschlüsselung eines (Groß-) Buchstaben gespeichert hat, oder ihn darstellt. Damit ist im späteren Programmablauf eine Anweisung wie z.B. die folgende zulässig:

    Y ['M'] := 200.3;

Da die Gesamtheit aller Zeichen, die in PASCAL vorgesehen sind, durch den Typ CHAR beschrieben ist, darf man beispielsweise auch schreiben:[++]

    TYPE VKT2 = ARRAY [CHAR] OF REAL;
    ...
    VAR Z : VKT2;

Im späteren Ausführungsteil des Programms sind für den Aufruf der Komponenten des Vektors Z alle in PASCAL zugelassenen Zeichen als Index erlaubt, so ist z.B.

    Z[' '] := Z['+']-3.4;

eine formal zulässige Anweisung.

In der Programmiersprache PASCAL wird willkürlich festgelegt, daß der Boolesche Wert FALSE vor dem Booleschen Wert TRUE liegt. Damit hat man eine geordnete Menge aus zwei Elementen, die als Indexmenge zugelassen ist und

---

[+] Bitte beachten Sie, daß die Indexmenge, wenn sie durch Aufzählen ihrer Elemente angegeben wird, in Klammern zu schreiben ist.

[++] Je nach benutztem Compiler kann die Anzahl der Komponenten unterschiedlich sein.

man kann sie beispielsweise in einer Deklaration der folgenden Art verwenden:

    TYPE VKT3 = ARRAY [BOOLEAN] OF REAL;

    ...

    VAR B : VKT3;

Im nachfolgenden Ausführungsteil des Programms können wir die beiden Komponenten des Vektors B durch die Indexwerte FALSE und TRUE aufrufen, z.B. in

    B[TRUE] := B[FALSE] * 14;

Für die Menge der INTEGER-Zahlen gilt sicher, daß sie geordnet und auch "aufzählbar" sind. Da die Menge aber zu groß ist, als daß man sie in ihrer Gesamtheit als Indexmenge verwenden könnte, ist ein Typ

    ARRAY [INTEGER] . . .

nicht vorgesehen.[+] Hier sind jeweils nur Teilmengen als Indexmengen zu verwenden, wie wir es oben bereits getan haben.

Nach diesem Einschub über Indexmengen, auf die wir noch gesondert zurückkommen wollen und dann auch Beispiele behandeln werden (vgl. Seite 63), wollen wir von den Vektoren zu Matrizen übergehen. Wir wollen hierzu als Beispiel die Matrizenmultiplikation behandeln.

Beispiel 9.2 (Lösung Seite 119)

Gegeben seien zwei Matrizen A und B mit folgenden Elementen;

$$A = \begin{pmatrix} a_{11} & \cdots & a_{1m} \\ \vdots & & \vdots \\ a_{n1} & \cdots & a_{nm} \end{pmatrix} \qquad B = \begin{pmatrix} b_{11} & \cdots & b_{11} \\ \vdots & & \vdots \\ b_{m1} & \cdots & b_{m1} \end{pmatrix}$$

oder in kompakterer Schreibweise

$$A = (a_{ik}) \quad \begin{matrix} i = 1,\ldots,n \\ k = 1,\ldots,m \end{matrix} \qquad B = (b_{kj}) \quad \begin{matrix} k = 1,\ldots,m \\ j = 1,\ldots,l \end{matrix}$$

Gesucht wird die Produktmatrix $C = A \cdot B$.

Für die Matrix

$$C = (c_{ij}) \quad \begin{matrix} i = 1,\ldots,n \\ j = 1,\ldots,l \end{matrix}$$

gilt bezüglich ihrer Elemente:

$$c_{ij} = \sum_{k=1}^{m} a_{ik} \cdot b_{kj} \qquad \text{für } i=1,\ldots,n, \quad j=1,\ldots,l$$

Wir wollen zunächst das Programm geschlossen angeben und anschließend erläutern.

[+] Bei der Menge der Zahlen mit dem Typ REAL gilt das gleiche, auch sie können nicht als Indexmenge verwandt werden.

```
PROGRAM MATRIX (INPUT,OUTPUT);
   CONST   N = 3; M = 2; L = 4;
   TYPE    MA = ARRAY [ 1..N,1..M ] OF REAL;
           MB = ARRAY [ 1..M,1..L ] OF REAL;
           MC = ARRAY [ 1..N,1..L ] OF REAL;

   VAR     I,J,K : INTEGER;
           S     : REAL;
           A     : MA;
           B     : MB;
           C     : MC;
BEGIN
            Die Elemente der Matrizen A und B erhalten Werte zugewiesen.

   FOR I := 1 TO N DO
     FOR J := 1 TO L DO
     BEGIN
       S := O;
       FOR K := 1 TO M DO
         S := S + A [ I,K ] * B [ K,J ] ;
       C [ I,J ] := S;
     END;
            Die Elemente c   der Matrix C sind berechnet und können abgerufen werden.
                          ij
END.
```

Wie wir an der TYPE-Vereinbarung

   TYPE MA = ARRAY [1..N, 1..M] OF REAL;

sehen, wird für MA eine Struktur vorgesehen. Durch eine nachfolgende Vereinbarung
in der Form

   VAR A : MA;

wird ein Bereich im Arbeitsspeicher reserviert, der die zuvor festgelegte Struktur MA
besitzt. Da die Struktur MA zwei Indizes mit den jeweiligen Indexwerten 1 bis N und
1 bis M vorsieht, können wir im späteren Anweisungsteil des Programms die Elemente
der Variablen A (mit dem Typ MA) durch A[i,k] aufrufen, wobei für i und k gelten muß:

$$1 \leqslant i \leqslant N \qquad 1 \leqslant k \leqslant M$$

Wie man an dem Beispiel unmittelbar ablesen kann, stellt in der Programmiersprache
PASCAL eine Matrix die Verallgemeinerung eines Vektors dar. Hatten wir beim Vektor
einen Index - entsprechend der einen Dimension - für die Vektorkomponenten anzugeben,
müssen wir bei der zweidimensionalen Matrix zwei Indizes zur Bestimmung eines jeden
Matrixelements angeben. Dabei stellt sich die Frage, ob man in PASCAL auch höher-
dimensionale Matrizen bearbeiten kann, d.h. Matrizen mit mehr als zwei Indizes. Von
der Spezifikation der Programmiersprache PASCAL her gibt es für die Anzahl der
Dimensionen einer Matrix keine Beschränkung, doch kann diese für einzelne Compiler
vorliegen.

Ebenso wie bei Vektoren sind die Indexmengen bei Matrizen nicht auf die ganzen Zahlen beschränkt. Man kann ebenso für einzelne Indizes auf den Typ BOOLEAN oder CHAR zurückgreifen, wie man an folgendem Beispiel sehen kann:

```
TYPE  MATRIX = ARRAY ['A'.. 'Z', BOOLEAN, 1..5] OF INTEGER;
...
VAR   W : MATRIX;
```

Durch diese beiden Vereinbarungen wird eine Matrix W mit 3 Dimensionen reserviert, die insgesamt 26 x 2 x 5 = 260 Elemente umfaßt:

Der erste Index darf die Werte 'A', 'B', 'C',..., 'Y', 'Z' annehmen,
der zweite Index die Werte   FALSE und TRUE und
der dritte die Werte   1,2,...,5

Bei der Deklaration von Feldern in der allgemeinen Form

TYP name = ARRAY [indexbereich$_1$ { ,indexbereich$_2$,...}] OF komp.typ;
...
VAR v : name;

haben wir für den Komponententyp (komp.typ) bisher nur eines der Schlüsselwörter BOOLEAN, CHAR, INTEGER oder REAL angegeben. Hier dürfen wir aber neben den einfachen Typ-Angaben auch den Typ ARRAY vorsehen oder eigene, vorher vereinbarte Typ-Angaben. So ist z.B.

①
```
TYPE VKT = ARRAY [1..15] OF REAL;
     MATR = ARRAY [0..10] OF VKT;
...
VAR A     : MATR;
```

eine zulässige Vereinbarung einer Matrix A. Im nachfolgenden Verarbeitungsteil können die Elemente der Matrix A, die den Typ REAL besitzen, durch

A[i][k] oder durch A[i,k] mit $0 \leqslant i \leqslant 10$ und $1 \leqslant k \leqslant 15$

abgerufen werden.

Die beiden folgenden Vereinbarungen zur Festlegung einer Matrix A mit 11 Zeilen und 15 Spalten sind äquivalent zu der obigen Angabe:

②
```
TYPE MATR = ARRAY [0..10,1..15] OF REAL;
...
VAR  A : MATR;
```
und
③
```
TYPE MATR = ARRAY [0..10] OF ARRAY [1..15] OF REAL;
...
VAR  A : MATR;
```

Darüberhinaus können wir noch drei weitere Variationen der Vereinbarung angeben, die ebenfalls eine Matrix mit den angegebenen Indexgrenzen deklarieren, aber mit den oben angeführten Vereinbarungen nicht äquivalent sind (wie auf Seite 119 dargestellt wird, kann man die so deklarierten Matrizen nicht als Parameter von Unterprogrammaufrufen verwenden):

(a)   TYPE VKT = ARRAY [1..15] OF REAL;
       ...

      VAR   A : ARRAY [0..10] OF VKT;

und kürzer

(b)   VAR   A : ARRAY [0..10] OF ARRAY [1..15] OF REAL;

oder

(c)   VAR   A : ARRAY [0..10, 1..15] OF REAL;

Der Aufruf der Matrix-Elemente a_{ik} im nachfolgenden Verarbeitungsteil des Programms lautet in allen unterschiedlichen Fällen der Vereinbarung gleich, nämlich

    A[i][k] oder A[i,k]   mit $0 \leqslant i \leqslant 10$ und $1 \leqslant k \leqslant 15$.

Es drängt sich die Frage auf, warum man in der Programmiersprache PASCAL so viele verschiedene Möglichkeiten zur Deklaration einer Matrix vorgesehen hat, wie wir es oben angedeutet haben. - Ein Grund ist darin zu sehen, daß man in PASCAL einen eigenen Datentyp für ein Programm festlegen kann. Wir werden dies noch an anderer Stelle zu beschreiben haben (vgl. Seite 66). Da man einen Datentyp und damit die Struktur der Daten auf verschiedene Weisen beschreiben kann, ergeben sich die oben angedeuteten unterschiedlichen Vereinbarungsmöglichkeiten.

Man muß sich darüber klar sein, daß die Übersichtlichkeit eines Programms darunter leidet, wenn man in der Deklaration einer Matrix zu viele "Stufen" der Typ-Vereinbarung vorschaltet (z.B. Form (1)). So wäre die Form (c) aus Gründen der Übersichtlichkeit allen anderen vorzuziehen, doch leider kann man mit dieser Variablen-Vereinbarung keine Vektoren oder Matrizen als Parameter von Funktionen oder Prozeduren vorsehen:
Bei der Vereinbarung von Unterprogrammen müssen Vektoren und Matrizen als formale Parameter durch eine Typ-Angabe spezifiziert werden, wie wir es im Beispiel 9.1 bereits getan haben (vgl. Seite 53). Deshalb empfehlen wir zur Vereinbarung von Felder (Vektoren oder Matrizen) die Deklaration in zwei Stufen, die damit die allgemeine Form hat:[+)]

ARRAY-Deklaration

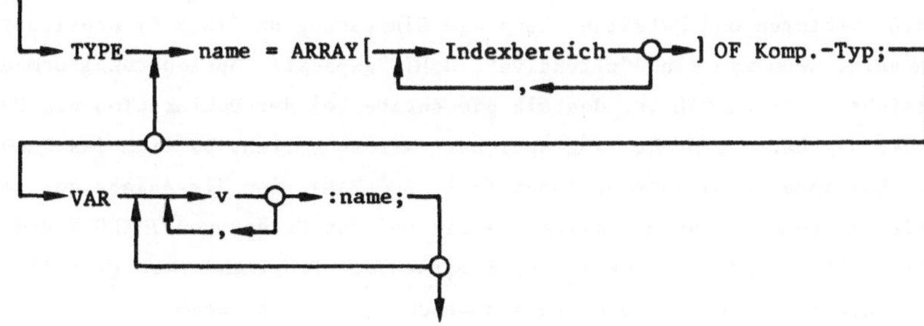

[+)]Wie wir später (vgl. Seite 61) im Zusammenhang mit gepackten Feldern sehen werden, ist das Syntax-Diagramm für die Array-Deklaration noch nicht vollständig.

Dabei stellen wir uns - auch wenn es, wie oben beschrieben, eine Einschränkung
der Allgemeinheit ist - unter dem Komponententyp "Kom.Typ" eine der Angaben

>BOOLEAN, CHAR, INTEGER oder REAL

vor.

Aufgabe 9.2 (Lösung Seite 119)

>Bitte wandeln Sie das Beispiel 9.2 so ab, daß die Produktmatrix in
einer Prozedur berechnet wird.
Hinweis: Um die Werte der Produktmatrix außerhalb der Prozedur verfügbar
zu erhalten, muß der entsprechende Parameter mit VAR vereinbart werden
(vgl. Seite 16).

Aufgabe 9.3 (Lösung Seite 120)

>Bitte bestimmen Sie für einen einzugebenden Text die relative Häufigkeit
der einzelnen Buchstaben.
Hinweis:

>1) Den Text können Sie Zeichen für Zeichen mit der Anweisung
>READ(c);   mit c : Variable vom Typ CHAR
einlesen.

>2) Am Ende einer jeden Eingabezeile (bzw. einer jeden Datenkarte) weist
der interne Zeiger auf die Zeilenmarkierung, wobei die Größe EOLN
den Wert TRUE besitzt (vgl. Seite 44). Die Zeilenmarkierung ist zu überlesen.

Wie wir im Abschnitt 7 dargestellt haben, benötigt man zur Verschlüsselung eines
Zeichens (im Datentyp CHAR) je nach benutzter Rechenanlage 6, 7 oder 8 Bits
(=1 Byte) also nur einen Teil eines gewöhnlichen Speicherplatzes (=1 Wort).
Der PASCAL-Compiler stellt für jede Variable, also auch für Variable des Typs CHAR,
genau einen Speicherplatz in der Größe eines "Wortes" bereit. Damit wird ein Teil
eines jeden Speicherplatzes verschenkt, wenn auf ihm Werte für Variable des Typs CHAR
abgespeichert werden. Dies kann bei einfachen Variablen hingenommen werden, bei
Arrays, d.h. Vektoren und Matrizen, kann die Einsparung an Platz im Arbeitsspeicher
erheblich sein, wenn man eine "effektive", d.h. "gepackte" Speicherungsform der
Daten vorsieht. - In PASCAL ist deshalb die Angabe bei der Deklaration von Feldern
möglich, daß die Daten gepackt abgespeichert werden sollen. Da sich das Packen der
Daten auch bei anderen Datentypen lohnt (z.B. BOOLEAN), ist die Angabe bei den
Arrays aller Komponententypen möglich. Da sie bei den Datentypen INTEGER und REAL
sicher keinen Effekt hat, ist es in das Ermessen des Programmierers gestellt,
wie weit er die Möglichkeit des Packens anwendet. - Um die Angabe zum
Packen (PACKED) müssen wir das Syntax-Diagramm zur Vereinbarung von Feldern
von Seite 59 erweitern:

ARRAY-Deklaration

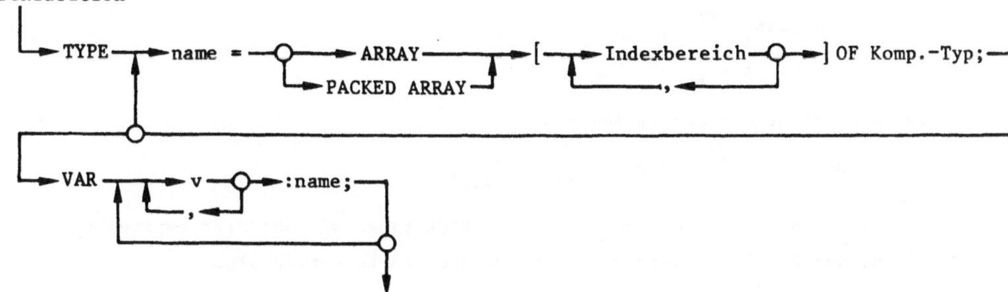

Im Verarbeitungsteil des Programms kann auch auf die als gepackt vereinbarten Felder in der früher beschriebenen Weise zugegriffen werden: Beim Aufruf der gewünschten Komponente wird das Packen bzw. Entpacken der Daten automatisch vorgenommen. Man muß jedoch folgende Einschränkungen beachten:

- Ein als gepackt vereinbartes Feld darf nicht als Parameter eines Unterprogramms auftreten.
- Die Eingabe von Daten in ein gepacktes Feld ist nicht möglich.[+]

Darüber hinaus muß man sich vergegenwärtigen, daß das automatische Packen und Entpacken bei jedem Aufruf einer Komponente des Feldes entsprechende Rechenzeit benötigt. Es empfiehlt sich deshalb, bei häufigen Aufrufen von Komponenten oder beim Aufruf von Unterprogrammen zuvor ein Entpacken vorzunehmen und nach der Verarbeitung eine entsprechende Anweisung zum Packen der Daten. Hierfür sind die vorgegebenen Prozeduren PACK und UNPACK vorgesehen.[++]

Es seien a und z Vektoren, deren Grenzen folgendermaßen festgelegt seien:

    a : ARRAY [n..m] ...;
    z : PACKED ARRAY [u..v] ...;

dabei muß die Länge des Vektors a größer als die des Vektors z sein, d.h. es muß gelten: $n-m > v-u$.

Ferner sei

    i ein ganzzahliger Wert, der so gewählt ist, daß $i + (v-u) \leqslant m$ bleibt.

Dann ist der Aufruf der Prozedur

    PACK(a,i,z);

äquivalent mit der FOR-Schleife:

    FOR j := 0 TO v-u DO z_{u+j} := a_{i+j};

Der Prozeduraufruf[+)]

    UNPACK(z,a,i);

ist äquivalent mit der Schleife

    FOR j := 0 TO v-u DO $a_{i+j} := z_{u+j}$;

Vom Gebrauch der Prozeduren PACK und UNPACK raten wir ab: Hier empfiehlt es sich, eigene, dem Problem besser angepaßte Prozeduren zu entwickeln.

Aufgabe 9.4 (Lösung Seite 122)

Eine einzulesende Folge von ganzen Zahlen soll der Größe nach sortiert ausgedruckt werden.

Aufgabe 9.5 (Lösung Seite 123)

Für einen Sportverein liegen die Anschriften der Mitglieder auf Lochkarten vor. Es soll eine nach Namen sortierte Mitglieder-Liste erstellt werden. Hinweis: Für das Sortieren der Namen verwenden Sie bitte den sogenannten "Binär-Sort", dem folgendes Verfahren zugrunde liegt (vgl. Halbschrittverfahren, Seite 25):

Für die bereits aufsteigend sortierte Liste wird der neue, einzusortierende Name mit dem Namen in der Mitte der Liste verglichen. Ist der neue Name größer als der Name in der Listenmitte, kann der "vordere" Teil der Liste unberücksichtigt bleiben, im anderen Fall der "hintere". Indem mit der jetzt noch zu betrachtenden Teil-Liste ebenso, wie oben beschrieben, verfahren wird, gelangt man recht schnell zu der Stelle, an der der neue Name eingeschoben werden muß.

[+)]Man benötigt schon 2 Eselsbrücken, um sich die Reihenfolge der Parameter für die Prozeduren PACK und UNPACK zu merken.

10 Mengen

Um den Typ "Menge" kennenzulernen, wollen wir die Aufgabe 9.3 (vgl. Lösung,
Seite 120) noch einmal aufgreifen und als Beispiel behandeln. Mit dem Typ
"Menge" werden uns zwar keine neuen Anwendungsbereiche für die Programmier-
sprache PASCAL erschlossen, aber wir können die Programme bei manchen
Problemen klarer gestalten.

Beispiel 10.1 (Lösung Seite 125)

Es sollen für einen einzulesenden Text die relativen Häufigkeiten der
einzelnen Buchstaben bestimmt werden.

Wir geben zunächst die Lösung geschlossen an und erläutern anschließend die
gekennzeichneten neuen Sprachelemente.

```
      PROGRAM HAEUFIGKEIT(INPUT,OUTPUT);
①➤       TYPE BUCHSTABEN = 'A' .. 'Z';
②➤            VKT = ARRAY [ BUCHSTABEN ] OF INTEGER;
         VAR  CH  : CHAR;
              N   : INTEGER;
              ANZ : VKT;
③➤            B   : SET OF BUCHSTABEN;
      BEGIN
④➤      B := ['A' .. 'Z'];
        FOR CH := 'A' TO 'Z' DO
          ANZ [CH] := 0;
        N := 0;
        READ(CH);
        WHILE NOT EOF DO
        BEGIN
⑤➤          IF CH IN B THEN
              BEGIN
                ANZ [CH] := ANZ [CH] +1;
                N := N+1;
              END;
            READ(CH);
        END;
        FOR CH := 'A' TO 'Z' DO
        BEGIN
          WRITE(CH); WRITE(ANZ[CH] /N*100:10:2); WRITELN;
        END;
        WRITE('GESAMTZAHL DER BUCHSTABEN:"); WRITE(N:6); WRITELN;
      END.
```

① Durch die Typ-Vereinbarung in der Form

```
      TYPE BUCHSTABEN = 'A' .. 'Z';
```

teilen wir dem Compiler mit, daß wir mit dem Namen BUCHSTABEN die Gesamtheit
aller Zeichen von 'A' bis 'Z' bezeichnen wollen. Damit legen wir einen
Ausschnitt aus der Grundgesamtheit aller Zeichen (Typ CHAR) fest.

Ähnliche Ausschnitte kann man auch aus der Gesamtheit der INTEGER-Zahlen
vereinbaren,[+] so legt zum Beispiel

```
      TYPE W = 8 .. 90;
```

____

[+] Für den Datentyp REAL ist der "Abschnitt-Typ" nicht vorgesehen.

einen Ausschnitt aus den INTEGER-Zahlen fest, der die Werte 8,9,10,...,89,90 umfaßt und dem wir den Namen W gegeben haben.

Der von uns vereinbarte Ausschnitt mit dem Namen BUCHSTABEN wird in der nachfolgenden Zeile

(2)   VKT = ARRAY [BUCHSTABEN] OF INTEGER;

als Indexmenge für die Vektor-Typ-Vereinbarung verwendet. Wir haben diese Möglichkeit schon einmal auf Seite 55 in der dortigen Vereinbarung

         TYPE VKT2 = ARRAY [CHAR] OF REAL;

angedeutet, wobei als Indexmenge alle Zeichen (Typ CHAR) verwendet wurden. Damit stellt sich unsere Vereinbarung eines Ausschnittes als eine bisher schon verwendete Möglichkeit dar, eine Indexmenge für einen Vektor oder eine Matrix festzulegen, wobei jetzt neu ist, daß wir der Indexmenge einen Namen geben können.

In der nachfolgenden Variablendeklaration

(3)   VAR
            B : SET OF BUCHSTABEN;

wird vereinbart, daß die Variable B den Typ "Menge" (SET) zugeordnet erhält. Damit wird es im späteren Ausführungsteil des Programms möglich, der Variablen B Mengen von Elementen zuzuweisen, die aus der Gesamtheit des Ausschnitts BUCHSTABEN stammen.[+]

Durch die im Beispiel 10.1 angegebene Anweisung

(4)   B := ['A' .. 'Z'];

speichern wir in der Variablen B die Menge aller Buchstaben von 'A' bis 'Z'. Erlaubt wäre es auch gewesen, in der Variablen B

         Teilmengen von dem Ausschnitt BUCHSTABEN

zu speichern. So wären Anweisungen in der Form

```
b₁ := ['M' .. 'P'];                    (Buchstaben M bis P)
b₂ := ['A' .. 'F', 'H' .. 'R'];        (Buchstaben A bis F und H bis R)
b₃ := ['H', 'K', 'M', 'N'];            (Buchstaben H, K, M und N)
b₄ := [];                              (b₄ enthält die leere Menge)
```

zulässige Mengenzuweisungen. Bei den Mengenzuweisungen muß man darauf achten, daß die Variable auf der linken Seite des Zuweisungszeichens auch für die angegebene Menge oder eine umfassende Menge deklariert ist.

[+] Die Anzahl der Elemente einer Menge, die man einer Variablen vom Typ SET OF ... maximal zuweisen kann, ist vom benutzten Compiler vorgegeben. Mögliche Schranken sind: 64, 128, 256. Man muß diese Schranken beim Übergang zu einem anderen Rechner berücksichtigen.

In der Mengenlehre werden folgende Mengenverknüpfungen verwandt:

Name	math. Zeichen	Form	Bedeutung
Durchschnitt	$\cap$	$c = a \cap b$	Elemente der Menge c gehören sowohl der Menge a als auch der Menge b an
Vereinigung	$\cup$	$c = a \cup b$	Elemente der Menge c gehören entweder der Menge c oder der Menge b an
Differenz[+)]	$\setminus$	$c = a \setminus b$	Die Menge b muß Teilmenge von a sein. Elemente der Menge c gehören zu a, aber nicht zu b.

In der Programmiersprache PASCAL werden für die Mengenoperationen keine neuen
Zeichen verwandt (dies ist bei dem beschränkten Zeichenvorrat nicht möglich),
sondern die von den arithmetischen Ausdrücken her bekannten Operatoren:

	math. Zeichen	PASCAL-Zeichen
Durchschnitt	$\cap$	*
Vereinigung	$\cup$	+
Differenz	$\setminus$	-

In dem Programm des Beispiels 10.1 wird als neuer Operator in dem Booleschen
Ausdruck der bedingten Anweisung

(5)   IF CH IN B THEN ...

das Schlüsselwort IN benutzt. Mit ihm wird geprüft, ob das in der Variablen CH
gespeicherte Zeichen in der Menge B enthalten ist. Ist dies der Fall, liefert
der Boolesche Ausdruck

     CH IN B

den Wert TRUE. Ist es nicht in der Menge enthalten, liefert der Ausdruck den
Wert FALSE.

Neben der Abfrage auf die Mengenzugehörigkeit sind noch die Abfragen auf Gleich-
heit und Ungleichheit und die Teilmengenbeziehungen möglich, so daß wir folgende
Relationen in PASCAL für Mengen angeben können.

	math. Zeichen	PASCAL-Zeichen	Form	Bedeutung: Es wird geprüft, ob...ist
Mengen-zugehörigkeit	$\in$	IN	e IN a	ob e Elemente der Menge a
	$\subset$	<	a < b	ob Menge a echt in Menge b enthalten
	$\subseteq$	<=	a <= b	ob Menge a in Menge b enthalten oder ihr gleich
	$\supset$	>	a > b	ob Menge a die Menge b echt umfaßt
Mengen-relationen	$\supseteq$	>=	a >= b	ob Menge a die Menge b umfaßt oder ihr gleich
	$=$	=	a = b	ob Menge a gleich der Menge b
	$\neq$	<>	a <> b	ob Mengen a und b verschieden

[+)] Als mathematisches Zeichen für die Differenzbildung ist auch das Subtraktions-
zeichen gebräuchlich.

Nach diesen Erläuterungen wollen wir eine Abwandlung des Problems von Beispiel 10.1 als Aufgabe stellen:

Aufgabe 10.1 (Lösung Seite 126)

>   Für einen Eingabetext soll die Häufigkeit
>   - der Buchstaben
>   - der Satzzeichen
>   (bezogen auf alle im Text auftretenden Zeichen) in Form eines Balkendiagramms ausgegeben werden. Zusätzlich sollen
>   - die Wortlängen
>   in ihrer relativen Häufigkeit erfaßt und ausgedruckt werden.

IN PASCAL kann man sich einen neuen Datentyp schaffen, indem man in der Typ-Deklaration den Wertebereich als Grundmenge durch Aufzählung ihrer Elemente angibt.[+] Die Elemente stellen dabei frei gewählte Namen dar, die durch ihre Reihenfolge eine Ordnung in der Menge festlegen. Im späteren Programmverlauf kann man Variablen, die zu dem neu geschaffenen Datentyp deklariert wurden, die Elemente der Grundmenge als "Werte" ("Konstante") zuweisen. - Es ist verständlich, daß ein neu geschaffener Datentyp nur innerhalb des Programms bekannt ist, und daß man Werte für diesen Daten-typ nicht durch eine Eingabeanweisung übergeben kann. Entsprechend ist eine Ausgabe von Werten dieses neuen Datentyps nicht möglich. Für die Anwendung der Programmier-sprache PASCAL kann man durch einen neuen, selbstdefinierten Datentyp ein Programm überschaubarer gestalten. - Zur Verdeutlichung wollen wir ein Beispiel angeben.

Beispiel 10.2[++] (Lösung Seite 128)

>   Für eine Liste von Sportbooten soll jeweils das Material angegeben werden, aus dem der Bootsrumpf hergestellt wurde.

Wir geben zunächst die Programmlösung an und erläutern sie anschließend.

```
PROGRAM SPORTBOOTE(INPUT,OUTPUT);
    TYPE MATERIAL = (EISEN,ALUMINIUM,HOLZ,KUNSTSTOFF,BETON);
    VAR  X,H : MATERIAL;
         MAT : SET OF MATERIAL;
         K   : INTEGER;
```

[+] Man spricht deshalb von "Aufzähltyp" oder auch von "Skalar-Typ".

[++] Bitte beachten Sie, daß statt der eckigen Klammern zur Festlegung von Mengen bei der Festlegung des Wertebereichs in der Typdeklaration runde Klammern benutzt werden müssen.

```
    BEGIN
      READ(K);
      IF K IN [1 .. 5] THEN
         CASE K OF
            1 : X := EISEN;
            2 : X := ALUMINIUM;
            3 : X := HOLZ;
            4 : X := KUNSTSTOFF;
            5 : X := BETON;
         END;
      CASE X OF
         EISEN      : WRITE ('EISEN');
         ALUMINIUM : WRITE ('ALU');
         HOLZ       : WRITE ('HOLZ');
         KUNSTSTOFF: WRITE ('GFK');
         BETON      : WRITE ('BETON');
      END;
      ...
    END.
```

Bei dem Beispiel 10.2 sind wir von folgenden Zuordnungen ausgegangen:

Verschlüsselung auf der "Lochkarte" bzw. dem Eingabe-Daten-träger		Werte des Aufzähltyps im Programm		Text in der Druckausgabe
1	⟶	EISEN	⟶	EISEN
2	⟶	ALUMINIUM	⟶	ALU
3	⟶	HOLZ	⟶	HOLZ
4	⟶	KUNSTSTOFF	⟶	GFK
5	⟶	BETON	⟶	BETON

In der ersten CASE-Anweisung des Programms wird der Variablen X des selbst-definierten Typs MATERIAL ein Wert aus dem in der TYPE-Anweisung

```
TYPE MATERIAL = (EISEN,ALUMINIUM,HOLZ,KUNSTSTOFF,BETON);
```

vorgesehenen Wertebereich zugewiesen. Ebenso kann man der Variablen H vom Typ MATERIAL Werte aus dem angegebenen Wertebereich zuweisen. Dann sind Vergleiche in der Form

```
X < H           X <= H           X = H
X > H           X >= H      und  X <> H
```

zugelassen. Das Ergebnis des Vergleichs hängt davon ab, ob der Wert der Variablen X vor oder hinter dem Wert der Variablen H in der Aufzählung der Typ-Deklaration angegeben ist. Hat z.B. X den Wert HOLZ und hat H den Wert

BETON, so liefert der Vergleich

        X < H

den Wert TRUE, da HOLZ in der Typ-Deklaration vor BETON angegeben wurde. Das
gleiche gilt für den Vergleich

        X < BETON

wobei jetzt statt der Variablen H eine Konstante aus dem Wertebereich angegeben
wurde.

Da der Wertebereich des Typs MATERIAL durch die Aufzählung geordnet ist und es
damit einen "Nachfolger" und einen "Vorgänger" zu den Werten gibt (letzter und
erster Wert ausgenommen), sind nicht nur die oben angedeuteten Vergleiche
möglich, sondern auch FOR-Anweisungen wie zum Beispiel

        FOR H := EISEN TO KUNSTSTOFF DO s;
oder   FOR H := BETON DOWNTO HOLZ DO s;

Entsprechend sind die Funktionsaufrufe

        H := SUCC(X); und H := PRED(X);

möglich, die der Variablen H den Nachfolger bzw. den Vorgänger des Wertes von X
zuweisen. Beim Funktionsaufruf muß man sicher sein, daß es einen Nachfolger bzw.
einen Vorgänger gibt, weil sonst das Programm mit einer Fehlermeldung abgebrochen
wird.

Aus den Werten des Typs MATERIAL kann man nach der Deklaration

        VAR

            MAT : SET OF MATERIAL;

im späteren Verarbeitungsteil des Programms Mengen bilden.

So sind zum Beispiel

        MAT := [EISEN .. HOLZ];   - legt für MAT die Menge {EISEN,ALUMUNIUM,HOLZ} fest -
oder   MAT := [EISEN,HOLZ,BETON]; - legt für MAT die Menge {EISEN,HOLZ,BETON }   fest -

zulässige Mengenzuweisungen, die anschließend eine Abfrage in der Art

        IF X IN MAT THEN ...

erlauben würden.

In unserem Programmbeispiel 10.2 werden auf Grund der zweiten CASE-Anweisungen
bestimmte Texte ausgegeben.

Man ist versucht zu fragen, warum die Ausgabe so umständlich vorgenommen werden
muß und warum man nicht einfach

        WRITE(X);

schreiben kann, wo doch die Buchstabenfolge der Werte von MATERIAL mit dem Ausgabetext (wenigstens in einigen Fällen) übereinstimmt.

Um einzusehen, daß dies nicht geht, muß man sich klarmachen, daß der PASCAL-Compiler
die von uns angegebenen Werte des Wertebereichs in eine Bit-Leiste umsetzt und später
im Programm beim Auftreten eines Wertes die entsprechende Bit-Kombination verwendet.
In der Variablen X des Typs MATERIAL ist also nicht die Zeichenfolge des Wertes, wie
wir ihn angegeben haben, gespeichert, sondern eine entsprechende Bit-Kombination.-
Übrigens ist die Länge der Bit-Leiste bei den einzelnen Rechnern sehr unterschiedlich, so daß man bei Verwendung von Aufzähltypen auf Schwierigkeiten bei der Übertragung von Programmen auf andere Rechner stoßen kann (gängige Beschränkung der
Anzahl: 32, 36, 64, 128, 256).

Aufgabe 10.2 (Lösung Seite 129)

> In Anlehnung an Beispiel 10.1 sollen (innerhalb einer umfangreicheren
> Aufgabe) verschiedene Listen von Auto-Herstellern ausgedruckt werden, die
> Autos einer bestimmten Gruppe produzieren (z.B. Kleinwagen, Mittelklasse-
> wagen usw.).

Wie wir an den Beispielen und Aufgaben sehen können, kann man die Programme mit
den Aufzähltypen sehr übersichtlich und damit transparent machen. Diesem Vorteil
stehen aber auch einige Nachteile gegenüber, die wir kurz zusammenfassen wollen.

1) Mit der Transparenz erhöht sich leider auch die Schreibarbeit.
   (Dies wird man aber sicher in Kauf nehmen).

2) Man kann für die neu vereinbarten Typen keine Ein- und Ausgabe vorsehen.
   Dies ist nur durch die Ausgabe von Klartexten oder durch willkürlich festgelegte Codes möglich, die wir ja umgehen wollten.

3) Eine Erweiterung der Aufzähltypen - z.B. durch Hinzufügen eines weiteren
   Herstellers, vgl. Aufgabe 10.2 - ist in der Regel nur durch erhebliche
   Programmänderungen möglich, keinesfalls aber dynamisch während der Programm-
   ausführung.

4) Der Wertebereich der Aufzähltypen ist zahlenmäßig beschränkt, wobei diese
   Schranke vom benutzten Compiler abhängig ist.

Durch diese Nachteile sind der Anwendung der Aufzähltypen Grenzen gesetzt,
was nicht ausschließt, daß es sich um interessante Elemente der Sprache PASCAL
handelt.

11 Verbunde

In den beiden vorausgehenden Abschnitten 9 und 10 haben wir gesehen, wie man
in der Programmiersprache PASCAL mehrere Größen desselben Typs zu einer neuen
Einheit zusammenfassen kann. So konnten wir Vektoren und Matrizen oder auch
Mengen bilden. Gemeinsam ist den verschiedenen zusammengesetzten Größen, daß
ihre Komponenten bzw. Elemente alle denselben Typ besitzen müssen. Für manche
Anwendungen ist es von Vorteil, wenn man Größen unterschiedlichen Typs, die
eine logische Einheit bilden, zusammenfassen kann.

Dies ist bei den sogenannten Verbunden möglich, bei denen man in einer Typ-
Vereinbarung Größen unterschiedlichen Typs zu einer neuen Einheit verbindet.
Die neue Einheit wird RECORD genannt, wobei man sie nicht mit einem Record =
Datensatz verwechseln darf (vgl. Seite 44). Ein Verbund wird in der TYPE-
Anweisung strukturiert und in der nachfolgenden Variablendeklaration vereinbart.[+)]

RECORD-Deklaration

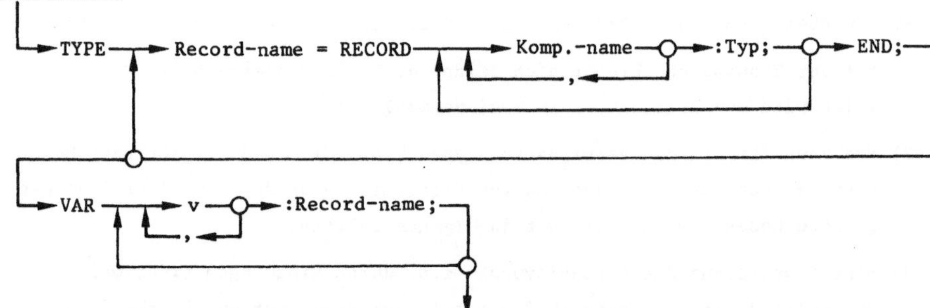

Hierzu wollen wir ein Beispiel angeben und dabei erläutern, wie man auf die
einzelnen Komponenten eines RECORDs zugreifen kann.

<u>Beispiel 11.1</u> (Lösung Seite 129)

> Für eine Gehaltsabrechnung sollen die Eingabedaten zur Kontrolle
> aufgelistet werden.

Wir wollen hier nur die Vereinbarung des Verbundes beschreiben, das vollständige
Programm ist im Lösungsteil, Seite 129, angegeben.

```
TYPE    STRING10 = PACKED ARRAY[1..10] OF CHAR;
        PERSON   = RECORD
                        NAME     : STRING10;
                        GESCHL   : (M,W);
                        VERH     : BOOLEAN;
                        ALTER    : INTEGER;
                        GEH,ABZ  : REAL;
                   END;
VAR     PERS :   PERSON;
```

[+)] Man kann auf die Typ-Vereinbarung verzichten und eine RECORD-Variable in der
Variablendeklaration sowohl strukturieren als auch vereinbaren. Die so deklarierten RECORD-Variablen kann man aber nicht als Parameter in einem Programm
verwenden, so daß wir hier die Deklaration in zwei Stufen vorschlagen.

In der TYP-Vereinbarung wird der TYP PERSON als Verbund festgelegt. Der
Verbund umfaßt alle Größen, die zwischen den Schlüsselwörtern RECORD und END
angegeben sind. In unserem Beispiel sind es die Variablen:

NAME	gepacktes Feld von 10 Zeichen,
GESCHL	Aufzähltyp mit den Größen M für männlich und W für weiblich,
VERH	vom Typ BOOLEAN für eine Kennzeichnung, ob verheiratet oder nicht,
ALTER	vom Typ INTEGER für das Alter der Person,
GEH, ABZ	Variablen vom Typ REAL, die den Wert für Gehalt und Abzüge aufnehmen sollen.

Auf Grund der nachfolgenden Anweisung

     VAR   PERS : PERSON;

wird eine Variable mit dem Namen PERS und dem Typ PERSON bereitgestellt, d.h. es
wird ein Verbund in der beschriebenen Struktur angelegt.

Den einzelnen Komponenten des Verbundes PERS müssen - etwa mit einer Eingabe-
anweisung - Werte zugewiesen werden. Dabei ist folgendes zu beachten:

Wir können nicht einfach den Namen einer Komponenten angeben, wie er innerhalb
der RECORD-Struktur festgelegt wurde. Dies ist verständlich, da man mehrere
Variable mit dem Typ PERSON vereinbaren kann. Man muß deshalb zunächst die
Verbundvariable (PERS) angeben und dann den Namen der Variablen innerhalb des
Verbundes. Als Trennzeichen ist der Dezimalpunkt (.) zu verwenden. In der Programmiersprache PASCAL spricht man auch von "selektivem Zugriff" auf die Variablen innerhalb eines Verbundes. So wird zum Beispiel durch

     PERS.VERH := TRUE;

der Booleschen Variablen VERH innerhalb des Verbundes PERS der Wert TRUE zugewiesen.

Wenn man in dem Verbund v einen Vektor oder eine Matrix a eingebunden hat, ist
im späteren Programmverlauf der Aufruf der Vektorkomponenten bzw. der Matrix-
elemente in entsprechender Weise vorzunehmen. Zunächst hat man den Verbund zu
kennzeichnen und dann die entsprechende Komponente in der früher beschriebenen Weise:

     v.a(i)   i : Index

Neben dem bisher beschriebenen selektiven Zugriff auf die Größen innerhalb eines
Verbundes kann man aber auch die Zuweisung aller Größen einer Verbundvariablen v_1
an eine andere Verbundvariable v_2 vornehmen durch die Anweisung

     $v_2 := v_1;$

Durch diese Zuweisung werden "gleichzeitig" alle Werte der Variablen innerhalb
des Verbundes v_1 an die entsprechenden Variablen des Verbundes v_2 übergeben.

Über die hier angedeuteten Möglichkeiten hinaus kann man noch Verbunde ineinander schachteln. Dies kann man auf folgende Weise tun:

①
```
       TYPE  r₁ = RECORD
                      v₁ : typ₁₁;
                      v₂ : typ₁₂;
                      ...
                   END;

             r₂ = RECORD
                      w₁ : typ₂₁;
                      w₂ : typ₂₂;
                      w₃ : r₁;
                      ...
                   END;

       VAR  X : r₂ ;
```

Die obige Vereinbarung ist gleichbedeutend mit der folgenden Deklaration:

②
```
       TYPE  r₂ = RECORD
                      w₁ : typ₂₁;
                      w₂ : typ₂₂;
                      w₃ : RECORD

                              v₁ : typ₁₁;
                              v₂ : typ₁₂;
                              ...
                           END;
                      ...
                   END;
       VAR  X : r₂;
```

In beiden Fällen kann man auf die Variablen w_1 und w_2 des Verbundes X in der zuvor beschriebenen Weise zugreifen:

$$X.w_1 \quad \text{bzw.} \quad X.w_2$$

Da die Variablen v_1 und v_2 in dem Verbund w_3 zusammengefaßt sind, muß man sie in der Form eines doppelten "selektiven Zugriffs" ansprechen:

$$X.w_3.v_1 \quad \text{und} \quad X.w_3.v_2 \quad \text{usw.}$$

Entsprechend ist zu verfahren, wenn es eine größere Schachtelungstiefe für die Verbunde gibt, d.h. wenn einer der angegebenen Typen typ_{11} oder typ_{12} seinerseits wieder einen RECORD darstellt.[+]

[+] Dieser RECORD muß dann in der TYPE-Vereinbarung vorher festgelegt sein, d.h. die Reihenfolge bei ① , in der r_1 und dann r_2 vereinbart werden, ist notwendig.

Insbesondere dann, wenn man im Verarbeitungsteil des Programms immer wieder auf
die Komponenten eines Verbundes r zugreifen muß, ist es mühsam, jedesmal den
selektiven Zugriff einzeln angeben zu müssen. Man kann dieses stattdessen gemeinsam
für eine Folge von Anweisungen tun, indem man die WITH-Anweisung verwendet. Sie hat
die allgemeine Form:[+)]

        WITH r DO s;

Dabei ist

        r eine Verbundvariable und

        s eine Anweisung (in der Regel: compound statement).

Innerhalb der Anweisung s kann man auf die Komponenten des Verbundes r direkt mit
ihren Namen zugreifen, muß also nicht den oben beschriebenen selektiven Zugriff r.v
explizit angeben.

Bei manchen Anwendern unterscheiden sich die Verbunde nur durch einige wenige
Komponenten. So könnten wir im Beispiel 11.1 den Verbund immer dann um ein zusätzliches Feld für den Namen des Ehepartners erweitern wollen, wenn die gerade betrachtete Person PERS verheiratet ist (PERS.VERH=TRUE). Eine derartige Möglichkeit
kann man in PASCAL vorsehen, indem man die CASE-Anweisung in abgewandelter Form
für die Beschreibung des Verbundes benutzt.[++)] Im Beispiel 11.1 müßte dann die
Verbundvereinbarung lauten:

```
TYPE    PERSON = RECORD
                    NAME        : STRING10;
                    GESCHL      : (M,W);
                    ALTER       : INTEGER;

                    GEH,ABZ     : REAL;
                    CASE VERH   : BOOLEAN OF
                        TRUE    : (NEP:STRING10);
                        FALSE   : ( );
                 END;
VAR     PERS : PERSON;
```

Wenn wir im Verarbeitungsteil des Programms der Variablen VERH des Verbundes den
Wert TRUE zuweisen, können wir anschließend in der Variablen

        PERS.NEP

den Namen des Ehepartners speichern. Falls die Person nicht verheiratet ist, also
PERS.VERH den Wert FALSE besitzt, ist der entsprechende Teil des Verbundes nicht
besetzt, was durch die beiden aufeinanderfolgenden Klammern angegeben wird.

[+)] Falls man mehrere ineinander geschachtelte Verbunde hat, kann man statt
```
        WITH r₁ DO
            WITH r₂ DO
            ...
            WITH rₙ DO s;
```
kürzer schreiben: WITH $r_1, r_2, \ldots, r_n$ DO s;

[++)] Man beachte die Syntax des sogenannten varianten Teils. Er wird nicht durch ein
zu CASE korrespondierendes Schlüsselwort END abgeschlossen und die einzelnen Zweige
des varianten Teils werden in runden Klammern aufgezählt.

Man beachte, daß die Variable VERH in doppelter Weise angesprochen wird: Zum einen ist für sie ein Speicherplatz angefordert wie für die vorausgehenden Variablen des Verbundes. Zum anderen steuert ihr Wert die Struktur des restlichen Teils des RECORDs.[+)] Es muß der "variante Teil", wie man den veränderlichen Teil eines Verbundes auch nennt, jeweils am Ende des RECORDs angegeben werden.

Nun kann es sein, daß eine oder mehrere Variable in einem varianten Teil eines Verbundes noch von einer weiteren Bedingung abhängen sollen. Dann kann man innerhalb der CASE-"Anweisung" eine weitere CASE-"Anweisung" aufführen. Zur Verdeutlichung wollen wir als Beispiel den folgenden Verbund vereinbaren.

Beispiel:

```
      ...
      TYPE   STRING10 = PACKED ARRAY[1..10] OF CHAR;
             PERSON = RECORD
                          GEH : REAL;
                          CASE VERH : BOOLEAN OF
                             TRUE : (NEP : STRING10;
                                        CASE K : (0,1,2) OF
                                          0 : ( );
                                          1 : (Z1 : REAL);
                                          2 : (Z1,Z2 : REAL););
                             FALSE: (W : INTEGER;);
                      END;

      VAR PERS : PERSON;
```

In Abhängigkeit von VERH und von K wird der Verbund PERS strukturiert. Wir wollen einmal folgende Wertzuweisungen gegenüberstellen:

```
WITH PERS DO                      WITH PERS DO
  BEGIN                             BEGIN
    GEH   := 1560.0;                  GEH   := 1245.0;
    VERH  := TRUE;                    VERH  := FALSE;
    NEP   := 'OBERMEYER';            W     := 83;
    K     := 2;                      END;
    Z1    := 4.5;
    Z2    := 3.1;
  END;
```

Nach Durchlaufen der alternativen Programmausschnitte haben wir in dem Verbund PERS folgende Situation:

PERS.GEH	1560.0		PERS.GEH	1245.0
PERS.VERH	TRUE		PERS.VERH	FALSE
PERS.NEP	O B E R		PERS.W	83
	M E Y E			
	R			
PERS.K	2			
PERS.Z1	4.5			
PERS.Z2	3.1			

[+)] Die RECORD-Variable wird immer in der "größten Länge" angelegt, siehe nächste Seite oben.

Wir wollen noch auf folgenden Umstand besonders hinweisen:
Bei der Vereinbarung der RECORD-Variablen PERS in der Zeile

    VAR PERS : PERSON;

wird der Verbund in der Größe angelegt, wie er zur Speicherung des längsten
Zweiges erforderlich ist. Im Beispiel ist dies für den Fall

    VERH = TRUE und K = 2

gegeben (und in dieser Länge würde jede andere Variable des Typs PERSON angelegt).
Je nach den Werten der Variablen PERS.VERH und PERS.K wird im späteren Ausführungsteil des Programms dem varianten Teil des Verbundes eine andere Struktur unterlegt
und die dort gespeicherten Bit-Folgen unterschiedlich interpretiert (z.B. werden
die ersten Buchstaben von PERS.NEP als INTEGER-Wert für PERS.W interpretiert,
wenn der Wert der Variablen PERS.VERH von TRUE auf FALSE verändert wird). - Die
richtige Verwaltung der verschiedenen Zweige eines Verbundes liegt in der Verant-
wortung des PASCAL-Programmierers.

Will man die Möglichkeit ineinander geschachtelter varianter Teile eines Verbundes
berücksichtigen, so ist das Syntaxdiagramm einer RECORD-Vereinbarung etwas
komplexer:

RECORD-Deklaration

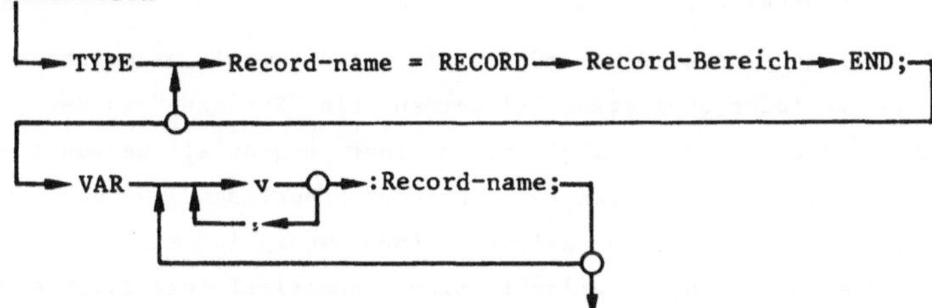

Record-Bereich

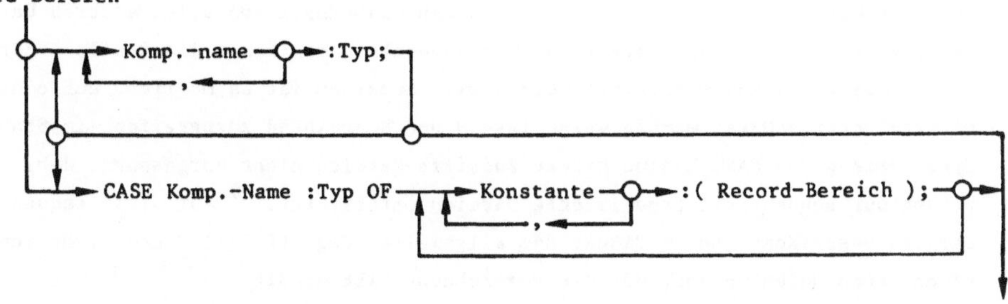

<u>Aufgabe 11.1</u> (Lösung Seite 130)

   Bitte geben Sie ein Programm an, das für einen Punkt der Ebene, der wahlweise mit
   Polar- oder kartesischen Koordinaten eingegeben wird, die jeweils anderen
   Koordinaten berechnet und in einem Verbund abspeichert.

12 Bearbeitung von Dateien

In den Abschnitten 7 und 8 haben wir dargestellt, wie wir mit Hilfe der Anweisung READ und WRITE Daten an das PASCAL-Programm übermitteln können und Ergebnisse des Programms ausgedruckt bekommen. Hieran wollen wir anknüpfen und beschreiben, wie man Daten auf externen Speichermedien (z.B. Diskette, Magnetband oder Magnetplatte) ablegen und später wieder einlesen kann.

Für die Benutzung externer Speichermedien kann es verschiedene Gründe geben, von denen wir einige kurz ansprechen wollen:

- Konservieren und Dokumentieren von Ergebnissen,
- Ausgabe für spätere Weiterverarbeitung,
- Datenaustausch mit anderen Rechenanlagen,[+]
- Auslagerung von umfangreichen Daten, weil sie nicht gleichzeitig im Arbeitsspeicher gehalten werden können.

Man nennt die Gesamtheit der Daten, die man auf einem Speichermedium zu einer Einheit zusammengefügt hat, eine "Datei" oder ein "File" (vom englischen Begriff file = Akte, Ordner). Je nach der Ordnung, die man für die Ablage der einzelnen Daten in der Datei gewählt hat, spricht man von einer

- "sequentiell geordneten Datei" oder von einer
- "Direkt-Zugriffs-Datei".

Bei einer sequentiell geordneten Datei müssen die Daten jeweils nacheinander gelesen und bearbeitet (oder aber erstellt) werden. Ein "Springen" in der Datei zu einem bestimmten Datum ist nicht möglich: In einer sequentiell geordneten Datei müssen alle vorausgehenden Daten gelesen (oder "überlesen") werden, um an die gewünschte Stelle in der Datei zu gelangen. Ebensowenig ist ein wechselweises Lesen und Schreiben einzelner Daten erlaubt: Eine sequentiell organisierte Datei kann entweder gelesen oder beschrieben werden.

In einer Datei mit direktem Zugriff kann man unabhängig von allen anderen Daten das gewünschte Datum herausgreifen, vorausgesetzt, man kennt die Stelle ("Adresse"), an der das Datum zuvor abgelegt worden war. Außerdem ist es möglich, auf eine Direkt-Zugriffs-Datei wechselweise lesend und schreibend zuzugreifen. Im Standard-Sprachumfang von PASCAL sind Direkt-Zugriffs-Dateien nicht vorgesehen, d.h. es werden nur sequentiell organisierte Dateien unterstützt.[++] Auf diese sequentiellen Dateien beschränkt man in PASCAL den allgemeinen Begriff "file" und sieht ihn als einen neuen Datentyp vor, der die Bezeichnung FILE erhält.

[+] Da die Dateiverarbeitung in PASCAL eine Reihe von Besonderheiten besitzt, sind Daten mit Programmen in anderen Programmiersprachen nicht ohne Schwierigkeiten austauschbar. (vgl. Seite 81)

[++] Bei vielen PASCAL-Compilern werden Direkt-Zugriffs-Dateien zugelassen (insbesondere auf Kleinrechnern). Wir erläutern deshalb in Zusammenhang mit Aufgabe 12.1 die erforderlichen Anweisungen für Direkt-Zugriffs-Dateien (vgl. Seite 134).

Ebenso wie die Typen SET, ARRAY und RECORD ist auch der Typ

    FILE

als eine Strukturart anzusehen. Die Deklaration wird im Vereinbarungsteil eines
PASCAL-Programms festgelegt entweder durch

```
TYPE    f = FILE OF Typ;
VAR     d : f;
```
oder durch
```
VAR     d : FILE OF Typ;
```

Hierdurch wird vereinbart, daß die Variable d eine Datei darstellt, die aus
gleichartigen Komponenten besteht. Alle Komponenten der Variablen d stehen auf
einem externen Speichermedium zur Verfügung (Eingabe) oder sie werden im Verlauf
der Programmausführung erzeugt und in die Datei d übertragen (Ausgabe). Von der
Verarbeitungsform her ist es sinnvoll, daß die Anzahl der Komponenten der Datei d
im PASCAL-Programm nicht festgelegt werden muß. - Der Typ der einzelnen File-
Komponenten wird in dem Vereinbarungsteil des Programms festgelegt, was oben durch

    Typ

angedeutet wurde. Im allgemeinen wird der Typ der einzelnen Komponenten wieder
eine Struktur sein, d.h. ein Feld (ARRAY) oder ein RECORD. Es ist aber auch
zulässig, daß die Komponenten eines Files einen einfachen Typ besitzen
(BOOLEAN, CHAR, INTEGER oder REAL).

Bevor wir uns den oben beschriebenen Dateien mit komplexeren Strukturen als
Komponententyp zuwenden, wollen wir die sogenannten Textfiles[+] betrachten.
Diese sind Dateien mit dem Komponententyp CHAR, die als zusätzliches Zeichen
die Zeilenmarkierung ($\boxed{\frac{Z}{m}}$) vgl. Seite 44, erlauben. Die Textdateien besitzen
insofern eine besondere Bedeutung, als sie zum Austausch von Daten mit anderen
Rechenanlagen oder mit Programmen in anderen Programmiersprachen herangezogen
werden können.[++] Die Ein- und Ausgabe von Daten in die Textdatei vollzieht sich
mit Hilfe der Anweisungen

    READ, READLN,   WRITE und WRITELN

wie sie in den Abschnitten 7 und 8 dargestellt worden sind. Ergänzend zu den
dort beschriebenen allgemeinen Formen muß jetzt als erster Parameter der Name
der Datei angegeben werden, so daß die Anweisungen dann lauten:

    $READ(d_1, v);$ $READLN(d_1);$

und entsprechend

[+] Statt von einer Textdatei spricht man auch von einer "alpha-numerischen Datei".
Diesem Typ stehen die "Binär-Dateien" gegenüber, bei denen als Komponententyp
nicht CHAR angegeben wird.

[++] Dies ist jedoch nicht problemlos, vgl. Seiten 31, 41 und 81.

         WRITE(d_2,v); WRITELN(d_2);

dabei sind

     d_1,d_2 : Dateivariable (vom Typ FILE OF CHAR) und
     v   : Variable vom Typ BOOLEAN,[+) CHAR, INTEGER oder REAL, für die
              ein Wert übertragen werden soll.

Auch die aus den beiden obigen Grundformen der Ein- und Ausgabe abzuleitenden
Formen zur gleichzeitigen Übertragung mehrerer Werte sind entsprechend um die
Datei-Variablen zu ergänzen und können in der früher beschriebenen Weise ver-
wendet werden.

Bevor jedoch in einem Programm durch die Anweisungen

     READ, READLN, WRITE oder WRITELN

auf eine Datei zugegriffen werden kann, muß die Datei

  - deklariert

  - in die entsprechende Programmumgebung eingebettet und

  - für den jeweils schreibenden oder lesenden Zugriff eröffnet worden sein.

Die Deklaration haben wir bereits dargestellt, wobei als Typ der Komponenten CHAR
anzugeben ist:[++)

TYPE f = FILE OF CHAR;	<u>alternativ:</u>
VAR d : f;	VAR d : FILE OF CHAR;

Die Verknüpfung der Dateivariablen d mit einer Datei, die außerhalb des Programms
existiert oder angelegt werden soll, geschieht in der Programmanweisung als
Programmparameter:[+++)

     PROGRAM programme (INPUT,OUTPUT,d);

Hier ist jetzt der Name der Dateivariablen (oben mit d angedeutet) zusammen mit
der Standardeingabe INPUT und der Standardausgabe OUTPUT aufzuführen; die Reihenfolge der Parameter kann bei einzelnen Compilern vorgeschrieben sein. Es ist von
dem benutzten Rechner und von dessen Betriebssystem abhängig, in welcher Form noch
sogenannte Job-Control-Anweisungen erforderlich sind, um die Dateivariable d
außerhalb des PASCAL-Programms mit einer konkreten Datei zu verknüpfen. Da die
Job-Control-Anweisungen unterschiedlich für die einzelnen Rechner sind, muß auf
die entsprechenden Handbücher verwiesen werden.

[+) Die Eingabe Boolescher Werte ist nicht möglich, die Ausgabe bei einigen Rechnern.

[++) 1)Die Namen d und f sind im Rahmen der üblichen Namenskonvention frei wählbar.
     2)Statt FILE OF CHAR darf man auch auf den vordefinierten Typ TEXT zurückgreifen,
       so daß man kürzer schreiben kann
            VAR d : TEXT;

[+++) Bei Kleinrechnern darf in der Regel die Dateivariable nicht als Parameter in der
      PROGRAM-Anweisung aufgeführt werden. Die Verknüpfung geschieht dann durch Er-
      weiterungen der RESET- bzw. REWRITE-Anweisungen, s.u.

Die Eröffnung der Datei geschieht im PASCAL-Programm durch eine der Anweisungen:

$\qquad$ RESET(d_1); $\qquad$ falls d_1 eine Eingabe-Datei ist

oder

$\qquad$ REWRITE(d_2); $\qquad$ falls d_2 eine Ausgabe-Datei ist.

Gleichzeitig wird durch beide Anweisungen die Datei an den Anfang positioniert.[+)]
Die Anweisungen RESET und REWRITE müssen zu Beginn des Ausführungsteils eines
Programms angegeben werden.

Bei Kleinrechnern wird die Verknüpfung der Dateivariablen d - wie oben angedeutet -
nicht in der PROGRAM-Anweisung vorgesehen, sondern in der RESET- oder REWRITE-
Anweisung. Die beiden Anweisungen haben dann die Form

$\qquad$ RESET(d_1, 'Datei_Name_1'); falls d_1 eine Eingabedatei ist

oder

$\qquad$ REWRITE(d_2, 'Datei_Name_2'); falls d_2 eine Ausgabedatei ist.

Falls man die Festlegung des Programms auf die externen Dateinamen nicht wünscht,
kann man an Stelle des Dateinamens eine Zeichenkettenvariable angeben (dann
allerdings ohne Hochkommata), in die hinein man den jeweiligen externen Dateinamen
über eine READ-Anweisung einliest.- Man muß sich allerdings darüber klar sein, daß
diese bei Kleinrechnern übliche Dateizuordnung nicht dem Sprachstandard entspricht.
Neben den gerade beschriebenen Anweisungen haben wir die Möglichkeit, das Ende
einer Datei d abzufragen. Hierzu dient die Boolesche Größe EOF in der Form

$\qquad$ EOF(d)

Dabei hat EOF(d) den Wert FALSE, wenn das Ende der Datei d noch nicht erreicht ist
und sonst den Wert TRUE. Ebenso kann man mit Hilfe von EOLN abfragen, ob die Datei d
auf eine Zeilenmarkierung $\boxed{\substack{Z\\M}}$ positioniert ist. Die Boolesche Größe hat die Form

$\qquad$ EOLN(d)

und liefert den Wert TRUE, falls die Datei d auf eine Zeilenmarkierung $\boxed{\substack{Z\\M}}$ positioniert
ist und sonst den Wert FALSE.

Bei einigen Compilern kann man nach den Ein- und Ausgabeoperationen vor Ende der
Programmausführung die Datei schließen. Hierfür ist die Anweisung

$\qquad$ CLOSE(d);

vorgesehen, die nicht zum Sprachstandard gehört. Bei einem Programm in Standard-PASCAL
werden die Dateien mit Ende der Programmausführung automatisch geschlossen.

[+)]Die Standard-Ein- und Ausgabedateien INPUT und OUTPUT müssen weder deklariert
noch eröffnet werden, da dies automatisch vom PASCAL-System vorgenommen wird.
Aus einem ähnlichen Grund braucht man die Dateinamen bei den E/A-Anweisungen
nicht anzugeben, d.h. man kann statt
$\qquad$ READ(INPUT,v); und WRITE(OUTPUT,v);
kürzer schreiben
$\qquad$ READ(v); $\qquad\qquad$ WRITE(v);

Für Textfiles können wir folgende Anweisungen zusammenstellen:

Standard-PASCAL	mögliche Erweiterungen (compiler-abhängig)	Bedeutung
PROGRAM progrname (INPUT,OUTPUT,d_1,d_2);		Einbettung der Dateivariablen d_1 und d_2 in die Programmumgebung
	PROGRAM progrname (INPUT,OUTPUT);	Nur Angabe der Standard-Ein- und Ausgabe
TYPE f = FILE OF CHAR; VAR d_1,d_2 : f;		Deklaration der Dateivariablen d_1 und d_2
BEGIN		
RESET(d_1); REWRITE(d_2);		Eröffnen der Dateien zum Lesen (d_1) bzw. Schreiben (d_2) und Positionieren an den Dateianfang
	RESET(d_1,'Datei_Name_1'); REWRITE(d_2,'Datei_Name_2');	Zusätzlich zur Datei-Eröffnung: Verknüpfung der Variablen d_1 und d_2 mit den Dateien 'Datei_Name_1' und 'Datei_Name_2'
IF EOF(d_1) THEN ...		Prüfung, ob Ende der Datei d_1 erreicht ist
IF EOLN(d_1) THEN ...		Prüfung, ob Datei d_1 auf Zeilenmarkierung positioniert ist
READ(d_1,v);		Übergabe e. Wertes aus der Datei d_1 an die Variable v und Positionieren der Datei hinter den Wert
READLN(d_1);		Positionieren der Datei d_1 hinter die nächste Zeilenmarkierung
WRITE(d_2,v);		Übergabe des Wertes von v an die Datei d_2
WRITELN(d_2);		Schreiben einer Zeilenmarkierung in die Datei d_2
	CLOSE(d);	Schließen der Datei d vor Ende des Programms
END.		

Wir haben die Dateibearbeitung unter dem Aspekt des Austausches von Daten zwischen verschiedenen Rechenanlagen bzw. zwischen Programmen aus verschiedenen Programmiersprachen dargestellt. Dies verpflichtet uns, auf einige Schwierigkeiten hinzuweisen, die beim Austausch von Daten auftreten können.

1) In der Regel geht man in anderen höheren Programmiersprachen bei der
   Dateibearbeitung von folgenden Randbedingungen aus:

   - Die Länge eines Datensatzes ("Eingabe-Karte" oder "-Zeile",
     "Ausgabezeile") ist fest vorgegeben und für alle Datensätze einer Datei
     gleich.

   - Die Werte für bzw. von einzelnen Variablen sind an feste Positionen
     innerhalb des Datensatzes gebunden ("spaltengerechte Ein- und Ausgabe"),
     so daß auch einzelne Werte aneinanderstoßen können, also nicht durch
     ein besonderes Zeichen getrennt zu sein brauchen.

   Wie wir bereits beschrieben haben (vgl. Seite 31f und 41f), weicht die
   Programmiersprache PASCAL von den angedeuteten Randbedingungen
   entscheidend ab:[+)]

   - Man kann bei den Ausgabedateien nicht für eine einheitliche Länge der
     Datensätze garantieren.

   - Ein spaltengerechtes Einlesen bzw. Ausgeben von Daten ist nicht möglich.

2) Als Ein- und Ausgabemedium für Dateien stehen an den Kleinrechnern häufig
   Disketten zur Verfügung. Die Disketten sowie der Aufbau der Dateien auf
   den Disketten sind bisher nicht vereinheitlicht.

Aus den oben angegebenen Gründen sollte man vor dem eigentlichen Datenaustausch einen Versuch unternehmen, ob die jeweiligen Daten von dem anderen
Rechner oder dem Programm in einer anderen Programmiersprache auch gelesen
werden können.

Wie wir oben beschrieben haben, sind die Anweisungen READ und WRITE in den
verschiedenen Formen zur Datenübertragung bei Textfiles (Komponententyp CHAR)
vorgesehen. Dabei können Werte für Variable vom Typ CHAR, INTEGER und REAL
übertragen werden. Besitzen die Komponenten der Datei auf Grund der FILE-
Deklaration einen von CHAR verschiedenen Typ, so haben wir es nicht mit einer
Textdatei zu tun, sondern mit einer Binärdatei.[++)] Damit entfallen bei der
WRITE-Anweisung die Angaben für die "Druckaufbereitung" wie wir sie ausführlich
im Abschnitt 7 auf Seite 30f beschrieben haben. Bei jeder READ oder WRITE-
Anweisung ist bei einer Binär-Datei genau eine File-Komponente zu übertragen. -

---

[+)] Im folgenden ist nicht gemeint, daß man eigene Ein- und Ausgabe-Unterprogramme
schreibt und so Zeichen für Zeichen einliest bzw. ausgibt.

[++)] Die Binärdateien können in der Regel nicht zum Datenaustausch mit anderen
Rechenanlagen/Programmen herangezogen werden, da sie einen nicht aufbereiteten
Abzug der Variablen bzw. eines Arbeitsspeicherbereiches darstellen.

Von einigen Compilern werden die Anweisungen READ(...) und WRITE(...) nur für
Textdateien akzeptiert und nicht, wie es in der Sprachspezifikation für PASCAL
vorgesehen ist, auch für Binärdaten. An ihre Stelle treten dann die Anweisungen
GET(...) und PUT(...), die wir jetzt darstellen wollen. [+)]

Unabhängig von der Frage, wie eine Datei tatsächlich auf einer Diskette, einer
Magnetplatte oder einem Magnetband angelegt ist, können wir uns in PASCAL eine
Datei als eine Folge ihrer Komponenten ohne jeden Zwischenraum und ohne eine
weitere Struktur vorstellen. - Jeder Datei d ist im Arbeitsspeicher ein Puffer,
auch "Fenster" genannt, zugeordnet. Auf den Puffer zeigt eine sogenannnte
Puffervariable $d\uparrow$, deren Name automatisch mit Deklaration der Dateivariablen d
vereinbart wird. In der Praxis wird der Puffer und dessen Inhalt mit der
Puffervariablen $d\uparrow$ identifiziert, d.h. man unterscheidet nicht zwischen der
Puffervariablen, dem Puffer und seinem Inhalt. So ist dann eine Wertzuweisung
in der Form

$$v_1 := d_1\uparrow; \qquad \text{(bei der Eingabe)}$$
$$\text{oder} \quad d_2\uparrow := v_2 ; \qquad \text{(für die Ausgabe)}$$

zulässig, wobei die Variablen v_1, v_2 denselben Typ wie die Komponenten der
Datei d_1 bzw. d_2 besitzen müssen.

Mit der Anweisung

$$RESET(d_1);$$

wird eine Eingabedatei d_1 an den Anfang positioniert und ihre erste Komponente
in den Puffer $d_1\uparrow$ geladen; wir haben damit folgende Situation vorliegen:

Datei d_1 auf
externem Speicher

1.Komp.   letzte Komp.

Puffer $d_1\uparrow$ im
Arbeitsspeicher

(ist mit dem Inhalt der ersten Komponente von d_1 gefüllt).

Um den Inhalt der ersten Komponente zu verarbeiten, muß nach der RESET-
Anweisung und vor der ersten GET-Anweisung eine Zuweisung in der Form

$$v := d_1\uparrow;$$

an eine Variable v erfolgen. Erst danach darf durch die Anweisung

$$GET(d_1);$$

[+)] Falls READ und WRITE für Binärdateien zugelassen sind, ist die Anweisung
READ(d,v); äquivalent mit BEGIN v:= $d\uparrow$; GET(d); END; und
WRITE(d,v); mit BEGIN $d\uparrow$:= v; PUT(d); END; (wegen weiterer Einzelheiten
siehe unten).

der Zugriff auf die nächste Komponente der Datei d_1 vorgenommen werden usw. -
Zur Verdeutlichung wollen wir ein kurzes Beispiel angeben.

Beispiel 12.1 (Lösung Seite 131)

Für eine Jahres-Umsatzstatistik sind die Umsätze pro Sparte für jede
Woche in einer Hilfsdatei gespeichert. Die Daten sollen akkumuliert
werden.

```
PROGRAM UMSATZ(INPUT,OUTPUT,E);
  CONST SPMAX = 5;
  TYPE UMS = ARRAY[1..SPMAX]OF INTEGER;
       EIN = FILE OF UMS;
  VAR  V,U : UMS;
       E   : EIN;
       SP  : INTEGER;
BEGIN
  FOR SP := 1 TO SPMAX DO
    U[SP] := 0;
  RESET(E);
  WHILE NOT EOF(E) DO
  BEGIN
    V := E↑;
    FOR SP := 1 TO SPMAX DO
      U[SP] := U[SP]+ V[SP];
    GET(E);
  END;
  FOR SP := 1 TO SPMAX DO
  BEGIN
    WRITE (SP); WRITE(U[SP]); WRITELN;
  END;
END.
```

Auf Grund der Vereinbarung

```
TYPE
  EIN = FILE OF UMS;
VAR
  E   : EIN;
```

wird die Variable E mit dem Datentyp FILE angelegt. Zusammen mit der PROGRAM-
Anweisung (und zusätzlichen Steuerkarten bzw. zusätzlichen Parametern in der
RESET-Anweisung) wird der Variablen E eine externe, bestehende Binär-Datei
zugeordnet. Jede einzelne Komponente der Variablen E besteht auf Grund der
Deklaration aus einem

```
ARRAY [1..SPMAX] OF INTEGER
```

Da die Konstante SPMAX auf 5 gesetzt wurde, heißt dies, daß jede der Komponenten
von E fünf INTEGER-Werte besitzt, die bei jeder Anweisung RESET oder GET in den
Puffer E↑übertragen werden.

Wegen der Anweisung

```
V := E↑;
```

innerhalb der WHILE-Schleife werden die fünf Werte aus dem Puffer E↑in die

Komponenten des Vektors V übertragen,[+] anschließend werden innerhalb der
FOR-Schleife die einzelnen Komponenten V [SP] des Vektors V zu den Werten
von U[SP]addiert.

Der Umweg über die Zuweisung des Pufferinhalts von E↑an einen Vektor V ist
nicht erforderlich. Wir hätten in der FOR-Schleife auch programmieren können:

```
U [ SP] := U [ SP]+ E↑[SP] ;
```

da der Puffer E↑denselben Typ wie die Komponenten der Variable E besitzt, also
ein Vektor mit den Indexwerten 1 bis SPMAX darstellt. Damit sind die Komponenten

```
E↑[1]    bis E↑[ 5]
```

des Puffers wie E definiert.

Wir hätten natürlich die Datei auch anders aufbauen und im obigen Beispielprogramm deklarieren können, z.B.

```
TYPE EIN = FILE OF INTEGER;
VAR  E   : EIN;
```

Dann bestände die Puffervariable E↑aus genau einem INTEGER-Wert.
Die WHILE-Schleife müßte dann lauten:

```
RESET(E);
WHILE NOT EOF(E) DO
   FOR SP = 1 TO SPMAX DO
   BEGIN
     U(SP):= U(SP)+E↑;
     GET(E);
   END;
```

Wir wollen nun noch kurz beschreiben, wie man Daten in eine (sequentielle)
Binärdatei überträgt.
Vor der ersten Ausgabeanweisung muß die Datei d_2 angelegt werden. Dies geschieht
durch die Anweisung

```
REWRITE(d₂);
```

Anschließend muß durch eine Wertzuweisung in der Form

```
d₂↑ := v;
```

dafür gesorgt werden, daß die Puffervariable d_2↑ mit den auszugebenden Werten
"gefüllt" wird. Mit der nachfolgenden Anweisung

```
PUT(d₂);
```

[+] Diese Form der Wertzuweisung ist bei Vektoren oder Matrizen, die denselben
Typ besitzen, zulässig.

wird der Inhalt der Puffervariablen $d_2\uparrow$ an das Ende der Datei d_2 angefügt.
Danach ist der Inhalt der Puffervariablen $d_2\uparrow$ nicht definiert.

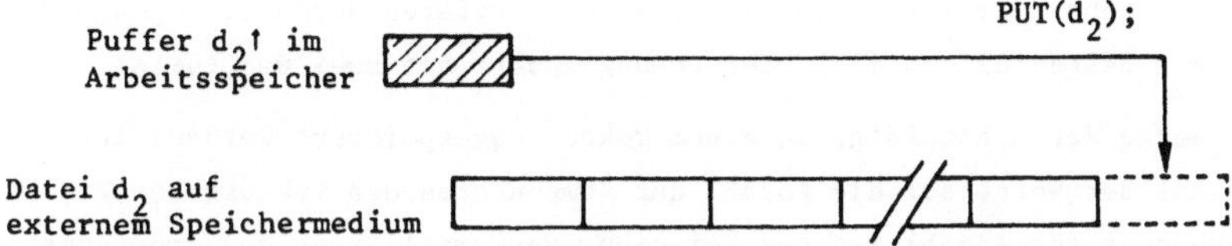

Die Größe EOF(d_2) wird mit Ausführung der Anweisung REWRITE(d_2); auf TRUE
gesetzt. Dies ist notwendig, weil EOF(d_2) zum Zeitpunkt der Anweisung PUT(d_2);
den Wert TRUE besitzen muß, da sonst das Programm mit einer Fehlermeldung
abgebrochen wird.

Durch das Abprüfen von EOF erhält man die Möglichkeit, an eine bereits bestehende Datei weitere Daten anzuhängen. Man geht dabei folgendermaßen vor:

> Man eröffnet die Datei d durch RESET(d);
>
> Liest anschließend durch GET(d);
>
> eine Komponente von d nach der anderen, bis die Boolesche Größe EOF(d)
> den Wert TRUE liefert. Nun kann man die neu auszugebenen Daten an die
> Puffervariable d↑ übergeben und durch
>
> > PUT(d);
>
> ausgegeben, also an die bestehende Datei anfügen lassen.[+)]

Aufgabe 12.1 (Lösung Seite 133)

> Eine bereits bestehende Personaldatei soll um die Daten von neuen
> Mitarbeitern erweitert werden.
>
> Frage: Wie ist es möglich, die Daten ausgeschiedener Mitarbeiter
> zu löschen?

[+)]Jetzt ist also keine Anweisung REWRITE(d); erforderlich!
Gibt man sie dennoch an, wird die Datei d an den Anfang positioniert und alle
bisherigen Daten der Datei d werden durch die Anweisung PUT(d); überschrieben.

13 Pointer-Variable

Im Abschnitt 9 hatten wir uns die Aufgabe gestellt, eine einzulesende Zahlenfolge
zu sortieren, wobei wir als Lösungsweg das "Einsortieren durch Einfügungen"
wählten (vgl. Seiten 62 und 122). Der Lösungsansatz hat zwei Nachteile:

1) Da die Werte der Zahlenfolge in einem Vektor abgespeichert werden, ist
   die Anzahl der Werte auf die Anzahl der Komponenten des Vektors beschränkt.
   Eine Erhöhung der Anzahl ist nur bei einer Neukompilierung des Programms
   mit veränderten Indexgrenzen möglich.

2) Um eine neue Zahl einsortieren zu können, müssen alle größeren Zahlen umge-
   speichert werden. Dies kann man zwar bei der Sortierung von Zahlen hinnehmen,
   nicht jedoch, wenn die einzelnen zu sortierenden Daten einen großen Umfang
   besitzen.

Zweifellos ist es möglich, mit den bisher beschriebenen Hilfsmitteln die beiden
angedeuteten Nachteile abzumildern: So kann man bei Punkt 1 die Indexgrenzen
von vornherein so groß wählen, daß praktisch der gesamte Arbeitsspeicher belegt
ist (bei Kleinrechnern sicherlich vertretbar, da zu dem eigenen Programm kein
weiteres parallel ausgeführt wird). Bei Punkt 2 kann man das Umspeichern durch
"indirekte Adressierung" vermeiden, wie man an der folgenden Aufgabenstellung
sehen kann.

<u>Aufgabe 13.1</u> (Lösung Seite 135)

> Es soll eine Folge von einzulesenden Zahlen (stellvertretend für
> RECORDs) in sortierter Form ausgedruckt werden.
> Dabei ist wie folgt zu verfahren:
> a) Die eingelesenen Werte sind in einem Vektor W fortlaufend
>   abzuspeichern.
>
> b) Es wird ein Vektor P gebildet, dessen Komponenten die Indizes der
>   nach Größe sortierten Komponenten von W enthalten.

<u>Hinweis:</u>   Gilt z.B. $W(5) < W(6) < W(1) < \ldots$
        so besitzen die Komponenten von P die Werte:
        $P(1) = 5, \quad P(2) = 6, \quad P(3) = 1$
        womit dann gilt:
        $W(P(1)) < W(P2)) < W(P3)) < \ldots$

Da es in PASCAL eine elegantere Lösungsmöglichkeit gibt als die in der Aufgabe
beschriebene "indirekte Adressierung", wollen wir diesen Weg jetzt erläutern.
Wir verwenden dabei Variable eines neuen Datentyps, die "Pointer-Variable" oder
"Zeiger-Variable". Wir wollen sie einführen an hand einer anderen Lösung
zu Aufgabe 13.1.

Beispiel 13.1 (Lösung Seite 136)

Es soll eine Folge von einzulesenden Zahlen (stellvertretend für RECORDs) in sortierter Folge ausgedruckt werden.

Wir geben die Lösung geschlossen an und erläutern die neuen Sprachelemente von PASCAL anschließend.

```
PROGRAM ZEIGERSORTIERUNG (INPUT,OUTPUT);
  TYPE ZEIGER  = ↑EINHEIT;
       EINHEIT =  RECORD
                       NACHF : ZEIGER;
                        W    : INTEGER;
                  END;
  VAR START,NEU,ZEIGA,ZEIGB : ZEIGER;

  PROCEDURE SUCH(START : ZEIGER; VAR ZEIGA,ZEIGB : ZEIGER; NEU : ZEIGER);
    LABEL 1;
  BEGIN
    ZEIGA := START; ZEIGB := START;
    IF NEU↑.W < ZEIGA↑.W THEN GOTO 1;
    ZEIGB := ZEIGB↑.NACHF;
    WHILE ZEIGB<>NIL DO
    BEGIN
       IF NEU↑.W < ZEIGB↑.W THEN GOTO 1;
       ZEIGA := ZEIGB; ZEIGB := ZEIGB↑.NACHF;
    END;
1: END;

  PROCEDURE EINFUEGEN(VAR START : ZEIGER; ZEIGA,ZEIGB,NEU : ZEIGER);
  BEGIN
    NEU↑.NACH := ZEIGB;
    IF ZEIGB = START THEN START := NEU
                     ELSE ZEIGA↑.NACHF := NEU;
  END;

  PROCEDURE AUSGABE(START : ZEIGER);
    VAR H : ZEIGER;
  BEGIN
    H := START;
    WHILE H<>NIL DO
    BEGIN
       WRITE(H↑.W:6);
       H := H↑.NACHF;
    END;
    WRITELN;
  END;
BEGIN
  NEW(START);
  READ(START↑.W); WRITE(START↑.W); WRITELN;
  START .NACHF := NIL;
  NEW(NEU); READ(NEU↑.W);
  WHILE NOT EOF DO
  BEGIN
    WRITE(NEU↑.W); WRITELN;
    NEU↑.NACHF := NIL;
    SUCH(START,ZEIGA,ZEIGB,NEU);
    EINFUEGEN(START,ZEIGA,ZEIGB,NEU);
    NEW(NEU);READ(NEU↑.W);
  END;
  AUSGABE(START);
END.
```

Den Algorithmus des Einsortierens haben wir in zwei Prozeduren unterteilt:
Die Prozedur SUCH hält in den Variablen ZEIGA und ZEIGB die Stelle fest, an
der der neue Wert eingefügt werden muß. Dies wird anschließend durch die
Prozedur EINFUEGEN vorgenommen. Die Prozedur AUSGABE sorgt für das Drucken
der sortierten Werte.

Bevor wir die neuen Anweisungen im einzelnen beschreiben, wollen wir uns die
Situation vergegenwärtigen, die bei der Einfügung der Zahl 6 in die bereits
sortierte Folge 1, 2, 5, 8, 10 vorliegt (die Variablen-Namen sind der Programmlösung entnommen):

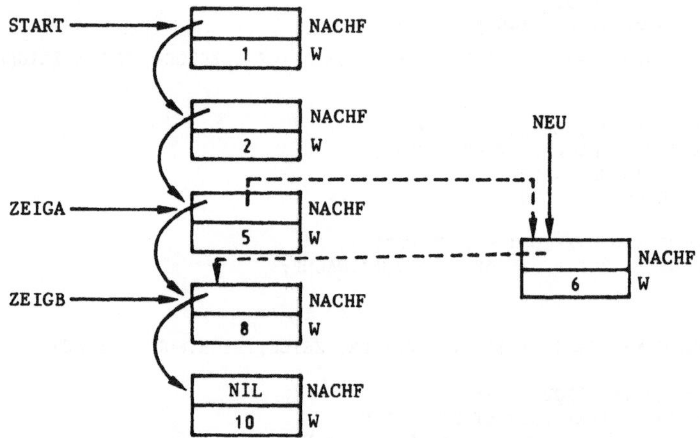

In der Zeichnung haben wir jeweils Einheiten angedeutet, die aus einer Verweisvariablen NACHF und einer INTEGER-Variablen W bestehen.[+] Im Programm wird
diese Einheit als RECORD in der TYPE-Vereinbarung festgelegt. Wir haben für
diesen RECORD den Namen EINHEIT gewählt. Durch die vorausgehende Vereinbarung

        TYPE ZEIGER =↑EINHEIT;

legen wir fest, daß alle Variablen, die diesen Typ zugeordnet erhalten, auf
Instanzen verweisen sollen, die den Typ EINHEIT besitzen.[++] Im Programm sind
dies die Variablen START, NEU, ZEIGA und ZEIGB auf Grund der Variablen-
Vereinbarung

        VAR START,NEU,ZEIGA,ZEIGB : ZEIGER;

Doch es fällt auf, daß zu dem Typ EINHEIT gar keine Variablen im Vereinbarungsteil deklariert werden. Damit existiert zunächst einmal kein Verbund mit
dem Typ EINHEIT, auf den die Variablen START, ..., ZEIGB verweisen könnten.

[+] Wenn nicht nur Zahlen zu sortieren sind, müssen an Stelle von W ein Feld für die
Sortierreihenfolge und zusätzlich die zu sortierenden Daten angegeben werden.

[++] An Stelle des Zeichens ↑, das nur bei wenigen Rechnern zur Verfügung steht,
werden von einigen Compilern die Zeichen ^ und ∂ als Pfeil akzeptiert.

Dieser scheinbare Nachteil ist jedoch der entscheidende Vorteil, der im Zusammen-
hang mit den Verweisvariablen gegeben ist:
Man braucht die Verbunde nicht sozusagen statisch im Vereinbarungsteil des
Programms anzulegen, sondern kann sie - dynamisch - im Verarbeitungsteil nach
Bedarf neu schaffen. Hierfür ist das Schlüsselwort

    NEW

vorgesehen, das die Schaffung eines neuen Verbundes veranlaßt. Welchen Typ der
Verbund besitzen soll und welche Zeigervariable auf diesen neuen Verbund zeigen
soll, wird durch einen Parameter angegeben. So legt in dem Beispielprogramm
die Anweisung

    NEW(START);

fest, daß der neu angelegte Verbund den Typ EINHEIT besitzen und daß die Zeigervariable START auf diesen Verbund verweisen soll.

Auf die einzelnen Größen des gerade geschaffenen Verbundes können wir durch die
Zeigervariable START zugreifen, indem wir schreiben

    START↑.NACHF oder START↑.W

Wir geben also nach der Zeigervariablen START einen Pfeil und einen Dezimalpunkt
an und erst danach den Namen der Variablen, wie er innerhalb des Verbundes bekannt
ist. Nach dieser Schreibweise stellt sich START↑ als eine RECORD-Variable dar,
die allerdings nicht im Vereinbarungsteil des Programms deklariert werden muß.
Wir verwenden diese Zugriffsmöglichkeit z.B. in der Eingabe-Anweisung

    READ(START↑.W);

oder in der Zuweisungsanweisung

    START↑.NACHF := NIL;

Bei der letzteren Anweisung wird der Zeigervariablen NACHF innerhalb des Verbundes
START↑ eine Konstante mit dem Schlüsselwort NIL zugewiesen. Die Konstante NIL
ist eine Zeigervariable, die keinen Verweis besitzt. Wir können durch die
Zuweisungsanweisung festhalten, daß der Zeigervariablen START↑.NACHF noch kein
Verweis auf einen Verbund zugewiesen wurde, für den die Zeigervariable NACHF
deklariert ist.

Durch den Aufruf der Prozedur EINFUEGEN, der innerhalb der Eingabe-Schleife
angegeben ist, werden nach und nach alle neu geschaffenen Verbunde in der
Sortierreihenfolge untereinander verknüpft: Mit der Variablen START beginnend
verweisen die Zeigervariablen NACHF eines jeden Verbundes auf den jeweils nachfolgenden Verbund[+] (siehe Zeichnung auf Seite 88). Lediglich die Zeigervariable
des letzten Verbundes hat keinen Verweis auf einen nachfolgenden Verbund:
In ihr ist die Konstante NIL gespeichert.

____

[+] Die so miteinander verketteten Verbunde nennt man auch eine "Liste" und die
einzelnen Verbunde auch "Elemente der Liste".

Dies können wir in der Prozedur SUCH ausnutzen, indem wir nach der Anweisung

```
    ZEIGB := START;
```
in der WHILE-Schleife
```
    WHILE ZEIGB <> NIL DO
    BEGIN
      ...
      ZEIGB := ZEIGB↑.NACHF;
    END;
```

uns von einem Verbund zum nächsten "durchhangeln". Auf diese Weise können wir den neu eingelesenen Wert NEU↑.W mit allen bereits einsortierten Werten vergleichen und das Einfügen an der durch die Zeigervariablen ZEIGA und ZEIGB markierten Stelle vornehmen (siehe Zeichnung Seite 88).

Wir wollen noch auf folgende Punkte hinweisen, die in der Programmlösung nicht benutzt und daher auch nicht angesprochen worden sind:

1) Selbstverständlich kann man in einem Programm mehrere unterschiedliche Typen von Verbunden vorsehen und damit auch mehrere unterschiedliche Zeigervariable. Dann dürfen die Zeigervariable nur immer auf solche Verbunde hinweisen, für die sie auch vereinbart worden sind. Als einzige Ausnahme darf die Konstante NIL allen Zeigervariablen zugewiesen werden.

2) Zwischen zwei Zeigervariablen v_1 und v_2 desselben Typs (oder Konstante NIL) kann ein Vergleich auf

$$\text{Gleichheit:} \quad v_1 = v_2$$
$$\text{oder Ungleichheit:} \quad v_1 <> v_2 \quad \text{durchgeführt werden.}$$

3) Man mache sich den Unterschied der Zuweisungen

$$v_1 := v_2; \quad \text{und} \quad v_1↑ := v_2↑;$$
zweier Zeigervariablen v_1 und v_2 klar:

Die Zuweisung

$$v_1 := v_2;$$
besagt, daß der Verweis, der in der Variablen v_2 gespeichert ist, an die Variable v_1 übergeben wird. (Damit liefert ein anschließender Vergleich $v_1 = v_2$ den Wert TRUE).

Dagegen wird durch die Anweisung

$$v_1↑ := v_2↑;$$
der Inhalt des Verbundes $v_2↑$ in den Verbund $v_1↑$ übertragen. Dies setzt voraus, daß v_1 und v_2 tatsächlich auf Verbunde verweisen - und nicht etwa die Konstante NIL gespeichert haben.

4) Es ist möglich, einen durch NEW(v); geschaffenen Verbund durch die Anweisung

```
    DISPOSE(v);
```
zu annulieren. Damit wird der von dem Verbund v↑ belegte Speicherplatz freigegeben,

"zur Disposition gestellt". Ob der freigegebene Speicherbereich im weiteren Programmablauf erneut verwendet werden kann, hängt von dem Leistungsumfang des benutzten Betriebssystems ab. Auf Kleinrechnern ist dies in aller Regel nicht gegeben, man hilft sich deshalb bei einigen PASCAL-Compilern mit den Anweisungen MARK und RELEASE, die einen freigegebenen Verbund für die Neuschaffung eines Verbundes desselben Typs verwalten. Da man als Programmierer hiervon keinen Vorteil hat, sind wir hierauf nicht eingegangen.

5) Auf Seite 74 haben wir dargestellt, daß man einen RECORD unterschiedlich strukturieren kann. Man kann für einen solchen RECORD ebenfalls eine Zeigervariable deklarieren und entsprechende Verbunde dynamisch im Verarbeitungsteil des Programms anlegen. Hierzu wird ebenfalls die Anweisung NEW benutzt, jedoch mit einer größeren Anzahl von Parametern, die die Struktur des RECORDs beschreiben. (Für die Freigabe eines so geschaffenen Verbundes muß die Anweisung DISPOSE mit denselben Parametern wie bei NEW verwandt werden). - Wir haben schon im Abschnitt 11 von der Verwendung unterschiedlich strukturierter RECORDs abgeraten und wir tun dies erst recht für die dynamisch angelegten Verbunde. (Siehe Aufgaben 13.2 und 13.3, Seite 92).

Bei umfangreicheren Problemstellungen erweisen sich die einfach verketteten Listen, bei denen jeweils eine Zeigervariable auf das nachfolgende Element der Liste verweist, in der Handhabung als zu umständlich. Man kann dann zu doppelt verketteten Listen übergehen, bei denen zusätzlich noch ein Verweis auf das vorausgehende Element der Liste mitgeführt wird. In der Programmiersprache PASCAL muß der Programmierer die Verwaltung der Listen selbst durchführen; bei der Programmiersprache SIMULA wird die Verwaltung dem Programmierer weitgehend abgenommen und es werden ihm leistungsfähige Prozeduren an die Hand gegeben. Im Lösungsteil geben wir diese Prozeduren an, wie man sie in PASCAL verfügbar machen könnte (vgl. Seite 137 - 140). Im einzelnen handelt es sich um folgende Prozeduren:

CARDINAL	Liefert Anzahl der Elemente einer Liste.
CLEAR	Entfernt alle Elemente aus einer Liste.
EMPTY	Prüft, ob eine Liste leer ist.
FIRST	Liefert den Verweis auf das erste Element einer Liste.
LAST	Liefert den Verweis auf das letzte Element einer Liste.
PRED	Verweist auf das vorausgehende Element eines Listenelements.
SUC	Verweist auf das nachfolgende Element eines Listenelements.
FOLLOW	Fügt ein neues Element hinter einem Listenelement ein.
INTO	Fügt ein neues Element am Ende der Liste an.
PRECEDE	Fügt ein neues Element vor einem Listenelement ein.
OUT	Entfernt ein Element aus einer Liste.

Aufgabe 13.1   (Lösung Seite 141)

Für eine Gleisanlage mit den Abstellgleisen X und Z sowie einem Gleis Y, das
über eine Weiche mit X und Z verbunden ist, soll ein Rangiervorgang simuliert
werden. Auf dem Abstellgleis X stehen 3 Wagen A, B, C, die mit Hilfe der
Rangierlok L auf Z in umgekehrter Reihenfolge abgestellt werden sollen.
Bitte schreiben Sie ein Programm, das den Rangiervorgang simuliert und entsprechende "Zwischenwerte" ausgibt.

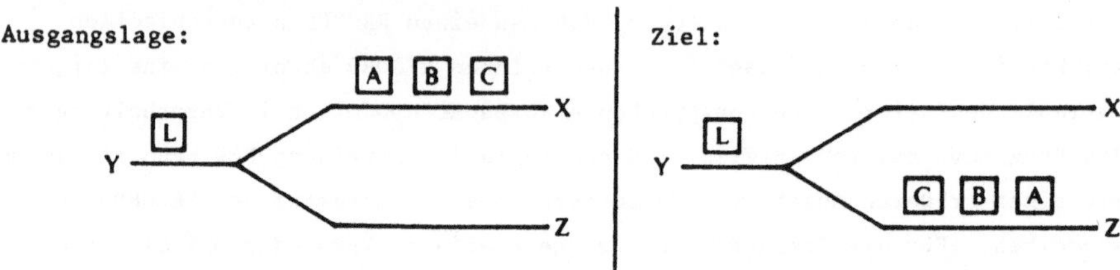

Aufgabe 13.2 (Lösung Seite 142)

Innerhalb einer umfangreichen Aufgabe sollen in einem varianten Teil eines
RECORDs alternativ

- die Werte 'a und b oder
- die Werte $\frac{a+b}{2}$ und $\frac{a^2+b^2}{2}$

gespeichert werden. Löst der folgende Programmausschnitt die gestellte Aufgabe?

```
PROGRAM TEST (INPUT,OUTPUT);
  TYPE VERBUND = RECORD
                      CASE FALL : BOOLEAN OF
                          TRUE  : (A,B : REAL);
                          FALSE : (X,Y : REAL);
                      END;
  VAR V : VERBUND;
BEGIN
  V.A := 1;  V.B := 3; V.FALL := ...;
  IF NOT V.FALL THEN
    BEGIN
      V.X := (V.A+V.B)/2;
      V.Y := (V.A*V.A+V.B*V.B)/2;
    END;
END.
```

Bitte testen Sie das Programm aus und interpretieren Sie das Ergebnis.

Wir haben zwar oben davon abgeraten, variante RECORDs in Verbindung mit Pointer-
Variablen zu benutzen, aber es mag Gründe geben, dies trotzdem zu tun.
Wir wollen deshalb als ein Beispiel die folgende Aufgabe stellen.

Aufgabe 13.3 (Lösung Seite 143)

Falls man die Adresse eines RECORDs wissen möchte, kann man die zugehörige
Pointer-Variable in dem varianten Teil eines RECORDs mit einer INTEGER-Variabler
überlagern und sich den Wert der INTEGER-Variablen ausdrucken lassen. - Bitte
geben Sie ein entsprechendes Programm an. - Was geschieht, wenn man der
INTEGER-Variablen einen Wert zuweist?

14 Rekursive Funktionen und Prozeduren

In den vorausgehenden Abschnitten haben wir die Programmiersprache PASCAL in dem
Umfang dargestellt, wie wir ihn für die Praxis für erforderlich halten. Wenn wir
jetzt noch den rekursiven Aufruf von Funktionen und eigentlichen Prozeduren beschreiben, so geht das über den von der Praxis her begründeten Umfang hinaus.
Wir tun es trotzdem, weil die Rekursivität in einigen Fällen eine bequeme und
elegante Beschreibung einer Problemlösung darstellt.[+)]

Eine Prozedur oder eine Funktion wird dann rekursiv genannt, wenn sie sich (mittelbar oder unmittelbar) in ihrem Ausführungsteil selbst aufruft.

Als ein Beispiel für eine rekursive Funktion wollen wir die Berechnung eines
Tschebyscheff-Polynoms[++)] programmieren.

Beispiel 14.1 (Lösung Seite 143)

> Für die Tschebyscheff-Polynome 1.Art gilt die Rekursionsformel
>
> $$T_n(x) = 2x \cdot T_{n-1}(x) - T_{n-2}(x) \text{ für } n = 2,3,\dots$$
>
> mit den Anfangspolynomen $T_1(x) = x$ und $T_0(x) = 1$
>
> Wir wollen das Polynom 5.Grades im Intervall $(-1, 1)$ mit einer Schrittweite
> von 0,1 berechnen.

Da der rekursive Aufruf sich in der Funktion T vollzieht, wollen wir hier nur
die Funktion angeben und erläutern; das vollständige Programm ist im Lösungsteil,
Seite 143, aufgeführt.

```
FUNCTION T(N:INTEGER; X:REAL) : REAL;
BEGIN
   IF N >= 2 THEN T := 2*X*T(N-1,X)-T(N-2,X)
            ELSE BEGIN IF N = 1 THEN T := X ELSE T := 1; END;
END;
```

Bei dem späteren Aufruf

```
Y := T(5,X);
```

wird für den formalen Parameter N der aktuelle Parameter 5 übergeben. Damit
muß in der bedingten Anweisung

```
IF N >= 2 THEN ...
```

die Wertzuweisung

```
T := 2*X*T(N-1,X) - T(N-2,X)
```

ausgeführt werden. Damit stehen in dem arithmetischen Ausdruck die beiden

---

[+)] Man muß sich darüber im klaren sein, daß dem rekursiven Aufruf von Unterprogrammen
auf den benutzten Kleinrechner recht enge Grenzen gesetzt sind.

[++)] Es gibt eine ganze Klasse derartiger rekursiver Polynome: die sogenannten
orthogonalen Polynome. Siehe z.B. Abramowitz und Stegun: "Handbook of Mathematical
Functions", Dover Publications, New York, 1965, Seite 773-802.

Funktionsaufrufe

$$T(4,X) \text{ und } T(3,X) \qquad (n-1 = 4, \quad n-2 = 3)$$

die zunächst ausgeführt sein müssen. Bis diese Aufrufe einen entsprechenden
Funktionswert zurückübermitteln, bleibt die Auswertung des arithmetischen
Ausdrucks natürlich offen. Bei den beiden Funktionsaufrufen wird im Ausführungsteil der Funktion wieder der THEN-Zweig der bedingten Anweisung durchlaufen,
wodurch je zwei weitere Prozeduraufrufe, nämlich

$$T(3,X) \text{ und } T(2,X) \text{ sowie } T(2,X) \text{ und } T(1,X)$$

verursacht werden und der arithmetische Ausdruck zunächst wieder offen bleiben muß.

Betrachtet man alle Funktionsaufrufe, die zur Auswertung von $T(5,X)$ erforderlich
sind, so ergibt sich folgendes Gebilde, das man auch Rekursionsbaum nennt:

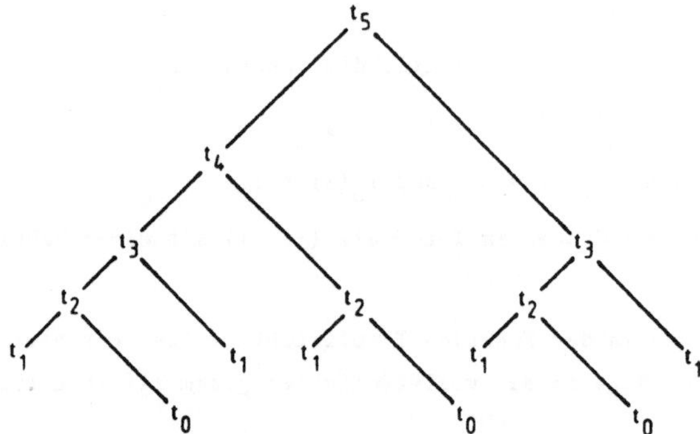

Erst dann, wenn alle Funktionsaufrufe auf die Anfangspolynome $T(1,X)$ und $T(0,X)$
zurückgeführt worden sind, können die noch offenen arithmetischen Ausdrücke in
den vorausgehenden Prozeduraufrufen ausgewertet werden. Damit ergibt sich
schließlich der Wert des Polynoms $T(5,X)$ an der Stelle X.

Man kann sich vorstellen, daß der beschriebene Weg bei längeren Rekursionen zu
einem erheblichen Speicherplatzbedarf führt, der in einem Kleinrechner nicht unbedingt zur Verfügung steht. Wir wollen deshalb als Übung folgende Aufgabe formulieren.

<u>Aufgabe 14.1</u> (Lösung Seite 144)

Bitte programmieren Sie die Lösung von Beispiel 14.1 so um, daß zwar auf die
Rekursionsformel zur Definition der Tschebyscheff-Polynome zurückgegriffen
wird, die Funktion T(N,X) aber ohne rekursiven Aufruf ausgewertet werden kann.

In dem Beispiel 14.1 haben wir in der Funktion T(N,X) eine "unmittelbare" oder
"direkte" Rekursion angegeben, d.h. die Funktion T ruft sich in ihrem Ausführungsteil selbst auf. Nun kann es sein, daß eine Funktion a eine Funktion

(oder auch Prozedur) b aufruft, die ihrerseits wieder a aufruft. Dann ruft sich die Funktion a mittelbar oder "indirekt" ebenfalls wieder auf. Man spricht dann von mittelbarer Rekursion. Da in PASCAL eine Funktion erst vereinbart sein muß, bevor sie aufgerufen werden darf, muß man für die mittelbare Rekursion einen Umweg vorsehen, der sich folgendermaßen für die Funktionen a und b mit Hilfe der Direktive FORWARD beschreiben läßt.[+)]

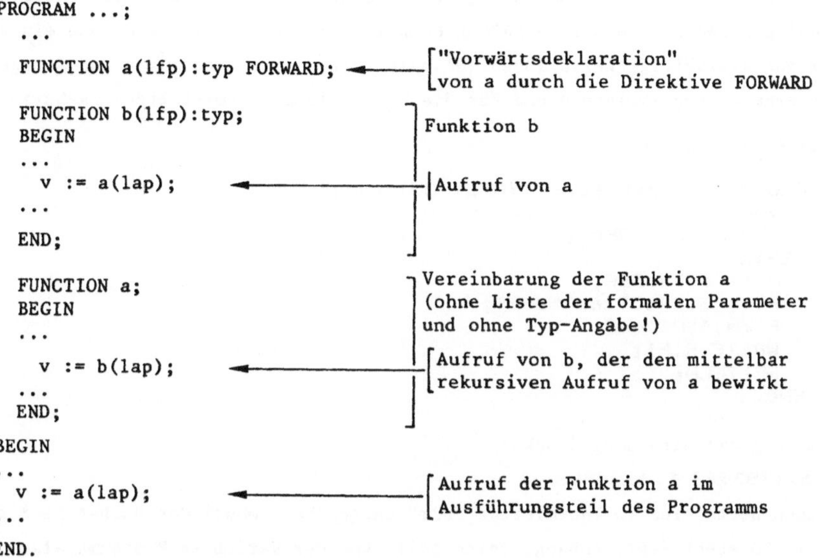

Im Prinzip die gleichen Möglichkeiten eines mittelbaren oder unmittelbaren rekursiven Aufrufs gibt es auch für Prozeduren.

<u>Aufgabe 14.2</u> (Lösung Seite 144)

Bitte sortieren Sie eine gegebene Zahlenfolge (Vektor) mit Hilfe des sogenannten Quicksorts.

Dem Quicksort liegt folgende Vorgehensweise zugrunde:

Man wählt einen beliebigen Wert W aus der Zahlenfolge und teilt die Zahlenfolge in 2 Teilfolgen, so daß

- alle Elemente der Folge, die kleiner als der Wert W sind, die kleineren Indizes besitzen

- alle Elemente der Folge, die größer als der Wert W sind, die höheren Indizes.

Auf beide Teilfolgen wendet man das Verfahren wiederum an.

[+)] Man könnte zwar erwarten, daß der Compiler die Aufrufe der einzelnen Unterprogramme auch ohne einen derartigen Hinweis verwaltet, doch ist dies auf Kleinrechnern kaum zu realisieren; man hat deshalb den beschriebenen Umweg in PASCAL aufgenommen. Praktische Bedeutung kommt der mittelbaren Rekursion jedoch nicht zu, da man sie stets vermeiden kann.

Lösungen zu den Beispielen und Aufgaben

Für die Bearbeitung der Beispiele und Aufgaben standen uns u.a. folgende
Rechner zur Verfügung:

> APPLE II   (Kleinrechner, interaktive Programmausführung)
>
> Siemens 7.800   (Großrechnersystem, benutzt in der Stapelverarbeitung).

Natürlich gehen bei den von uns angegebenen Programmen Eigenarten der benutzten
Rechenanlagen und der benutzten PASCAL-Compiler ein. Zusätzlich kann man ein gegebenes
Problem auf vielfältige Weise lösen. Deshalb sollen unsere Lösungen nur Anregungen
für die eigene Programmierung und für die Kontrolle der ermittelten Ergebnisse sein.

Zu Beispiel 2.1 (Seite 4)

```
PROGRAM OBERFLAECHE (INPUT,OUTPUT);
   VAR
      R,PI,F : REAL;
BEGIN
   R := 6378.388;
   PI:= 3.14159265358979;
   F := 4*PI*R*R;
   WRITE(R,F);
   WRITELN;
END.
```

Von dem Programm wird ausgedruckt:

> 6.37839E3 5.11248E8

Die beiden Werte sind in "normierter Form" ausgegeben, wobei der Buchstabe E für
die Basis 10 steht (vgl. Anhang, Seite 146). Von der Variablen R stammt also der
Wert $6{,}37839 \cdot 10^3 = 6378{,}39$. Wie man sieht, wird die letzte eingegebene Ziffer nicht
korrekt ausgegeben. Dies beruht darauf, daß nur eine beschränkte Anzahl von Ziffern
in der Rechenanlage gespeichert werden kann; bei den von uns benutzten Rechenanlagen
ca. 6-7 Ziffern. Damit ist es auch nicht sinnvoll, die Zahl π für die Variable PI
derart genau anzugeben: 6-7 Ziffern reichen aus. Als Ergebnis können wir deshalb
für die Erdoberfläche $511{,}25 \cdot 10^6$ qkm festhalten.

Wenn wir die Größe PI als Konstante deklarieren wollen, können wir das Programm
in der folgenden Form angeben. Dabei haben wir die obigen Überlegungen zur Genauigkeit der Zahlendarstellung bereits mit einfließen lassen.

```
PROGRAM OBERFLAECHE (INPUT,OUTPUT);
   CONST
      PI  = 3.141593;
   VAR
      R,F : REAL;
BEGIN
   R := 6378.388;
   F := 4*PI*R*R;
   WRITE('RADIUS:',R,' OBERFLAECHE:',F);
   WRITELN;
END.
```

Als Ergebnis erhalten wir ausgedruckt:

RADIUS: 6.37839E3 OBERFLAECHE: 5.11248E8

Bei diesem Programm haben wir zusätzlich die Möglichkeit ausgenutzt, Texte in die Ausgabezeile als Erläuterung einzufügen. Man hat hierzu den gewünschten Ausgabetext in Hochkommata anzugeben und an der entsprechenden Stelle in der WRITE-Anweisung vor, zwischen oder hinter die Variablennamen - durch Komma getrennt - zu setzen.

<u>Zu Aufgabe 2.1</u> (Seite 10)

```
PROGRAM DREIECK (INPUT,OUTPUT);      | USES TRANSCEND; +)
  CONST                              +------------------
    PI = 3.141593;
  VAR
    A,B,C,WINKEL : REAL;
BEGIN
  WINKEL:= PI/180*44;
  B      := 7.5;
  C      := 6.5;
  A      := SQRT(B*B+C*C-2*B*C*COS(WINKEL));
  WRITE(A,B,C);
  WRITELN;
END.
```

Ausgabe
   von   A   B   C

     5.32582 7.50000 6.50000

Bei dem hier benutzten Rechner (Apple II) wird die Ausgabe des Exponentenfeldes unterdrückt, wenn der Exponent den Wert 0 besitzt. Bei anderen Rechnern wird das Exponentenfeld in jedem Fall mit ausgegeben.

<u>Zu Aufgabe 2.2</u> (Seite 10)

```
PROGRAM ABSTAND (INPUT,OUTPUT);      | USES TRANSCEND; +)
  VAR                                +------------------
    X1,Y1,Z1,X2,Y2,Z2,D : REAL;
BEGIN
  X1:= 1; Y1:=  5; Z1:= -3;
  X2:= 3; Y2:= -1; Z2:=  6;
  WRITE('PUNKT P1: ',X1,Y1,Z1); WRITELN;
  WRITE('PUNKT P2: ',X2,Y2,Z2); WRITELN;
  D:= SQRT(SQR(X1-X2)+SQR(Y1-Y2)+SQR(Z1-Z2));
  WRITE('ABSTAND = ',D); WRITELN;
END.
```

```
PUNKT P1:   1.00000 5.00000-3.00000
PUNKT P2:   3.00000-1.00000 6.00000
ABSTAND =   1.10000E1
```

<u>Zu Beispiel 3.1</u> (Seite 11)

Durch den Aufruf der Unterprogramme EXP und LN in dem Ausdruck

    EXP(N*LN(H))

im Unterprogramm KE soll die Potenz h^n bestimmt werden. Die Exponentiation ist in PASCAL als direkter Ausdruck nicht möglich (vgl. Seite 8).

+)Der PASCAL-Compiler für den Rechner APPLE II benötigt für die Ausführung der mathematischen Funktionen eine besondere Datei ("Programmbibliothek"), die durch die Nicht-Standard-Anweisung USES TRANSCEND; bereitgestellt wird.

```
PROGRAM KAPITALBER (INPUT,OUTPUT);    USES TRANSCEND;
   VAR
     ENDKAPITAL,KAPITAL,PROZ : REAL;
     JAHRE                   : INTEGER;

   FUNCTION KE (K,P:REAL;N:INTEGER) : REAL;
     VAR
        H  : REAL;
   BEGIN
     H := 1 + P/100;
     KE:= K*EXP(N*LN(H));
   END;


BEGIN
   KAPITAL     := 1000; PROZ:= 7.5; JAHRE:= 3;
   ENDKAPITAL:= KE(KAPITAL,PROZ,JAHRE);
   WRITE(ENDKAPITAL);
   WRITELN;
END.
```

Der Pfeil zum oberen Teil ist beschriftet mit **Programmkopf**. Die rechte Klammer bezeichnet den **Vereinbarungsteil des Programms**, die innere Klammer die **Funktionsdeklaration**. Der BEGIN-Block bildet den **Verarbeitungsteil des Programms**, mit **Aufruf der Funktion KE**.

```
   1.24230E3
```
← ausgedrucktes Ergebnis

Zu Aufgabe 3.1 (Seite 14)

```
PROGRAM RENTENBER (INPUT,OUTPUT);    USES TRANSCEND;
   VAR
     ENDWERT,RENTE,PROZ : REAL;
     JAHRE              : INTEGER;

   FUNCTION RE (R,P:REAL;N:INTEGER) : REAL;
     VAR
        HR : REAL;
   BEGIN
     HR:= 1 + P/100;
     RE:= R*(EXP(N*LN(HR))-1)/(HR-1);
   END;


BEGIN
   RENTE:= 300; PROZ:= 5; JAHRE:= 15;
   ENDWERT:= RE(RENTE,PROZ,JAHRE);
   WRITE(ENDWERT);
   WRITELN;
END.

   6.47357E3
```

Als (gerundetes) Ergebnis erhält man also 6473,60 für den Endwert der Rente.

Zu Beispiel 4.1 (Seite 16)

```
PROGRAM VEKTOR (INPUT,OUTPUT);
   VAR
     A,B : REAL;

   PROCEDURE SUM(X1,Y1,X2,Y2:REAL;VAR X3,Y3:REAL);
   BEGIN
     X3:= X1+X2;
     Y3:= Y1+Y2;
   END;

BEGIN
   SUM(5,1,1.5,3,A,B);
   WRITE(A,B); WRITELN;
END.

   6.50000 4.00000
```

Zu Aufgabe 4.1 (Seite 18)

```
    PROGRAM KOMPLEX (INPUT,OUTPUT);
      VAR
        A,B : REAL;

      PROCEDURE ADD(A1,B1,A2,B2:REAL;VAR A3,B3:REAL);
      BEGIN
        A3:= A1 + A2;
        B3:= B1 + B2;
      END;


      PROCEDURE SUB(A1,B1,A2,B2:REAL;VAR A3,B3:REAL);
      BEGIN
        A3:= A1 - A2;
        B3:= B1 - B2;
      END;

      PROCEDURE MULT(A1,B1,A2,B2:REAL;VAR A3,B3:REAL);
      BEGIN
        A3:= A1*A2 - B1*B2;
        B3:= A1*B2 + B1*A2;
      END;

      PROCEDURE DIVI(A1,B1,A2,B2:REAL;VAR A3,B3:REAL);
      BEGIN
        A3:= ( A1*A2+B1*B2)/SQR(A2+B2);
        B3:= (-A1*B2+B1*A2)/SQR(A2+B2);
      END;
```

```
  (* HINWEIS : ALTERNATIVE PROZEDUR
     PROCEDURE DIVI(A1,B1,A2,B2:REAL;VAR A3,B3:REAL);
        VAR
          X3,Y3,H : REAL;
     BEGIN
       H := SQR(A2 + B2);
       MULT(A1,B1,A2,-B2,X3,Y3);
       A3:= X3/H;
       B3:= Y3/H;
     END;              *)
```

Die alternative Prozedur DIVI wurde als Kommentar aufgeführt: Der Kommentar ist innerhalb der Zeichen (* und *) anzugeben.

```
    BEGIN
      ADD (5,1,1.5,3,A,B); WRITE(A,B); WRITELN;
      SUB (5,1,1.5,3,A,B); WRITE(A,B); WRITELN;
      MULT(5,1,1.5,3,A,B); WRITE(A,B); WRITELN;
      DIVI(5,1,1.5,3,A,B); WRITE(A,B); WRITELN;
    END.
```

Um das Programm auszutesten wurden die Grundrechenarten durch Aufruf der angegebenen Unterprogramme für die beiden komplexen Zahlen 5 + i und 1,5 + 3i durchgeführt. Man erhält ausgedruckt:

```
      6.50000 4.00000
      3.50000-2.00000
      4.50000 1.65000E1
      5.18518E-1-6.66667E-1
```

Diese Werte sind wie folgt zu interpretieren:

$$(5+i) + (1,5+3i) \longrightarrow (6,5+4i)$$
$$(5+i) - (1,5+3i) \longrightarrow (3,5-2i)$$
$$(5+i) * (1,5+3i) \longrightarrow (4,5+16,5i)$$
$$(5+i) / (1,5+3i) \longrightarrow (0,518518-0,666667i)$$

<u>Zu Beispiel 4.2 (Seite 19)</u>

Da für die Programmiersprache PASCAL auf einem Kleinrechner in der Regel ein
Unterprogramm nicht als Parameter eines anderen Unterprogramms angegeben werden
darf, ist das Beispielprogramm nur für den PASCAL-Compiler auf einem entsprechenden Großrechner ausführbar. Das Beispiel wurde auf der Anlage Siemens 7.800 gerechnet.
Die Sprachspezifikation von PASCAL schreibt vor, daß für den formalen Parameter FKT
ebenfalls die formalen Parameter anzugeben sind (vgl. Beschreibung Seite 19).
Einige benutzte Compiler erwarten dagegen nur die Angabe

```
FUNCTION FKT : REAL
```

für die Funktion FKT als formalem Parameter der Prozedur BERECHNUNG.

```
PROGRAM RENTENBER( INPUT,OUTPUT);
   VAR WERT,PROZ : REAL;
      JAHRE : INTEGER;

   FUNCTION KE(K,P:REAL; N:INTEGER) : REAL;
      VAR H : REAL;
   BEGIN
      H := 1+P/100;
      KE := K*EXP(N*LN(H));
   END;

   FUNCTION RE(R,P:REAL; N:INTEGER) : REAL;
      VAR HR : REAL;
   BEGIN
      HR := 1+P/100;
      RE := R*(EXP(N*LN(HR))-1)/(HR-1);
   END;

   PROCEDURE BERECHNUNG(W1,P1:REAL; N1:INTEGER;
                        FUNCTION FKT(K,P:REAL; N:INTEGER) : REAL);
      VAR ENDWERT : REAL;
   BEGIN
      WRITE(N1,W1,P1); WRITELN;
      ENDWERT := FKT(W1,P1,N1);
      WRITE(ENDWERT); WRITELN;
   END;

BEGIN
   WERT := 1000; PROZ := 7.5; JAHRE := 3;
   BERECHNUNG(WERT,PROZ,JAHRE,KE);          <——————— 1. Prozeduraufruf
   WERT := 300; PROZ := 5; JAHRE := 15;
   BERECHNUNG(WERT,PROZ,JAHRE,RE);          <——————— 2. Prozeduraufruf
END.
```

Auf Grund der beiden Prozeduraufrufe werden die folgenden Werte ausgegeben:

```
        3   1.00000E+03    7.50000E+00
   1.24229E+03
        15   3.00000E+02    5.00000E+00
   6.47352E+03
```

Als Ergebnis haben wir damit erhalten:

Aus dem ersten Prozeduraufruf: Endkapital = 1242,30
und aus dem zweiten Prozeduraufruf: Endrente   = 6473,50

Zu Beispiel 5.1 (Seite 21)

```
PROGRAM WERTETABELLE  (INPUT,OUTPUT);    |USES TRANSCEND;
   LABEL 1;
   VAR
     X,XMAX,DX,Y          : REAL;

   FUNCTION F(X : REAL) : REAL;
     CONST
       C = 0.6;
   BEGIN
     F:= EXP(X) - C;
   END;


BEGIN
  X:= -1; XMAX:= 1; DX:= 0.2;
1:
  Y:= F(X);
  WRITE(X,Y); WRITELN;
  X:= X + DX;
  IF X <= XMAX THEN
GOTO 1;
END.
```

```
-1.00000-2.32121E-1
-8.00000E-1-1.50671E-1
-6.00000E-1-5.11884E-2
-4.00000E-1 7.03199E-2
-2.00000E-1 2.18731E-1
-2.98023E-8 4.00000E-1
 2.00000E-1 6.21403E-1
 4.00000E-1 8.91825E-1
 6.00000E-1 1.22212
 8.00000E-1 1.62554
 1.00000 2.11828
```

Wir werden zwar noch kennenlernen, wie man
die Druckausgabe übersichtlicher gestalten
kann (vgl. Seite 30f), aber es ist in PASCAL
nicht möglich, eine spaltengerechte Ausgabe
der berechneten Werte sicherzustellen.

Zu Aufgabe 5.1 (Seite 24)

Das angegebene Programm ist auf Kleinrechnern nicht einsetzbar, da die
Prozedur HALBIERUNG eine Funktion als Parameter besitzt.

```
PROGRAM HALBSCHRITTVERFAHREN (INPUT,OUTPUT);
   CONST PI  = 3.1415926;
         EPS = 0.00001;
   VAR X1,X2,XNST : REAL;
       STATUS     : BOOLEAN;

   FUNCTION F(X : REAL) : REAL;
      CONST C = 0.6;
   BEGIN
      F := SIN(X)-C;
   END;

   PROCEDURE HALBIERUNG(X1,X2,EPS : REAL; FUNCTION FKT : REAL;
                        VAR XNST : REAL; VAR STAT : BOOLEAN);
      LABEL 1,9999;
      VAR XA,XB,XH,FA,FB,FH : REAL;
   BEGIN
      XA := X1; FA := FKT(XA);
      XB := X2; FB := FKT(XB);
      IF FA*FB >= 0 THEN
          BEGIN
             STAT := FALSE;
             GOTO 9999;
          END;
```

```
1:      XH := (XA+XB)/2; FH := FKT(XH);
        IF ABS(FH) < EPS THEN BEGIN STAT := TRUE; XNST := XH; END
        ELSE
        BEGIN
            IF FA*FH > 0 THEN XA := XH
                            ELSE XB := XH;
            GOTO 1;
        END;
9999:
  END;

BEGIN
   X1 := 0; X2 := PI/2;
   HALBIERUNG(X1,X2,EPS,F,XNST,STATUS);
   IF STATUS THEN WRITELN('GEFUNDENE NULLSTELLE: ',XNST)
           ELSE WRITELN('KEIN UNTERSCHIEDLICHES VORZEICHEN');
END.


GEFUNDENE NULLSTELLE:   6.43504E-01
```

Als Nullstelle haben wir damit näherungsweise den Wert 0,64350 erhalten.

Zu Beispiel 6.1 (Seite 26) und Aufgabe 6.1 (Seite 27)

```
PROGRAM WHILE1 (INPUT,OUTPUT);        PROGRAM WHILE2 (INPUT,OUTPUT);
   VAR                                   VAR
     NMAX,N : INTEGER;                     NMAX,N : INTEGER;
     SUMME  : REAL;                        SUMME  : REAL;

BEGIN                                 BEGIN
  NMAX:= 100; SUMME:= 0;                NMAX:= 100; SUMME:= 0;
  N    := 1;                            N    := NMAX;
  WHILE N <= NMAX DO                    WHILE N >= 1 DO
  BEGIN                                 BEGIN
    SUMME:= SUMME + 1/N;                  SUMME:= SUMME + 1/N;
    N     := N + 1;                       N     := N - 1;
  END;                                 END;
  WRITE('SUMME =',SUMME);              WRITE('SUMME =',SUMME);
  WRITELN;                             WRITELN;
END.                                  END.


SUMME = 5.18738                       SUMME = 5.18738
```

Wie man sieht stimmen die Ergebnisse beider Programme mit aufsteigender bzw.
absteigender Schleife für NMAX=100 noch überein. Wählt man einen wesentlich
größeren Wert, so machen sich die Rundungsfehler bemerkbar. Da wegen der
Division bei der Schleife mit absteigenden Werten (Programm WHILE2) die
Variable SUMME und die zu addierenden Terme 1/N länger in derselben Größenordnung bleiben, ist die zweite Form in diesem speziellen Fall zu empfehlen.

Zu Aufgabe 6.2 (Seite 27)

Die angegebene Reihe für ln(2) konvergiert sehr langsam. Auf Grund der
Fehlerabschätzung muß man 10 000 Glieder der Reihe addieren, wenn man den
Abbruchfehler auf 10^{-4} herabdrücken will und entsprechend 100 000 Additionen
für einen Abbruchfehler von höchstens 10^{-5}. Da man auf der anderen Seite
Zahlen vom Typ REAL mit nur 6-7 Ziffern speichern kann, wird bei jeder

Addition ein Rundungsfehler in dieser Größenordnung hervorgerufen. Hieraus folgt, daß bei 10^5 Additionen der Rundungsfehler die Größenordnung von $10^5 \cdot 10^{-6} = 10^{-1}$ angenommen haben kann. Mit dem angegebenen Berechnungsverfahren ist also eine Genauigkeit von 10^{-5} nicht zu garantieren. Man muß deshalb andere Berechnungsverfahren zur Berechnung von ln(2) benutzen wie z.B.

$$\ln(a+x) = \ln(a) + 2 \sum_{n=0}^{\infty} \frac{1}{2n+1}\left(\frac{x}{2a+x}\right)^{2n+1} \qquad \text{mit} \begin{cases} 0 < a < \infty \\ -a < x < \infty \end{cases}$$

wobei man dann a = x = 1 wählen kann.

```
          PROGRAM NATLN (INPUT,OUTPUT);    | USES TRANSCEND;
             VAR                           |
                NMAX       : INTEGER;
                WERT,LN2 : REAL;

             FUNCTION FKT(NMAX : INTEGER) : REAL;
                VAR
                   N             : INTEGER;
                   SIGN,SUMME : REAL;
             BEGIN
                SUMME:= 0; SIGN:= 1;
                N      := 1;
                WHILE N <= NMAX DO
                BEGIN
                   SUMME:= SUMME + SIGN/N;
                   SIGN := -SIGN;
                   N    := N + 1;
                END;
                FKT:=SUMME;
             END;
```

auf dem Kleinrechner Apple II	auf der Rechenanlage Siemens 7.800

```
BEGIN                             BEGIN
   LN2:= LN(2);                      LN2 := LN(2);
   WRITE(LN2); WRITELN;              WRITE(LN2); WRITELN;
   NMAX:= 1;                         NMAX := 1;
   WHILE NMAX <= 10000 DO            WHILE NMAX <= 1000000 DO
   BEGIN                             BEGIN
      WERT:= FKT(NMAX);                WERT := FKT(NMAX);
      WRITE(NMAX,WERT);                WRITE(NMAX,WERT);
      WRITELN;                         WRITELN;
      NMAX:=NMAX*10;                   NMAX := NMAX*10;
   END;                              END;
END.                              END.
   6.93147E-1                         6.93147E-01
   1 1.00000                                1 1.00000E+00
   10 6.45635E-1                           10 6.45635E-01
   100 6.88172E-1                         100 6.88170E-01
   1000 6.92646E-1                       1000 6.92621E-01
   10000 6.93092E-1                     10000 6.92823E-01
──────►  -31072 0.00000               100000 6.90355E-01
                                     1000000 6.65241E-01
```

Der Kleinrechner kann die Zahl 100 000 nicht als INTEGER-Zahl speichern, weil sie zu groß ist. Das in der Variablen NMAX erzeugte Bitmuster wird ohne Fehlermeldung für die weitere Berechnung herangezogen: Die letzte Zeile gibt damit falsche Werte wieder. Die Ergebnisse der Rechenanlage Siemens 7.800 zeigen deutlich die Zunahme der Rundungsfehler.

Zu Aufgabe 6.3 (Seite 29)

<u>1. Form:</u> FOR 1_1 := a_1 TO e_1 DO s; | <u>2. Form:</u> FOR 1_2 := a_2 DOWNTO e_2 DO s;

```
     1₁ := a₁;                              1₂ := a₂;
     WHILE 1₁ <= e₁ DO                      WHILE 1₂ >= e₂ DO
     BEGIN                                  BEGIN
       s;                                     s;
       1₁ := 1₁+1;                            1₂ := 1₂-1;
     END;                                   END;
```

Die Laufvariable 1 muß eine Variable des Typs INTEGER sein, für den Anfangswert a
sowie für den Endwert e dürfen arithmetische Ausdrücke angegeben werden, die aber
als Ergebnis einen Wert mit dem Typ INTEGER besitzen sollen.

Im PASCAL kennt man "geordnete Mengen" (vgl. Seite 55), zu denen auch die ganzen
Zahlen als ein Beispiel gehören. Zu diesen Mengen gibt es - wenn man von dem
ersten bzw. dem letzten Element der Menge absieht - einen

und einen   Vorgänger eines Elements   (predecessor)
                Nachfolger eines Elements (successor)

Durch den Aufruf entsprechender Standardfunktionen (PRED(v) bzw. SUCC(v)) kann man
sich den Vorgänger bzw. den Nachfolger eines Elements v bereitstellen lassen.

So hätten wir statt 1_1 := 1_1+1; auch schreiben können: 1_1 := SUCC(1_1);

und entsprechend statt 1_2 := 1_2-1; die Anweisung: 1_2 := PRED(1_2);

Falls ein Vorgänger bzw. ein Nachfolger eines Elements nicht existiert - also
bei dem ersten bzw. dem letzten Element einer Menge, - führt der Aufruf von
PRED bzw. SUCC zu einem Abbruch des Programms mit einer Fehlermeldung. Wir müssen
deshalb die Umsetzung der FOR-Schleifen in WHILE-Schleifen etwas anders programmieren

<u>1. Form:</u> FOR 1_1 := a_1 TO e_1 DO s; | <u>2. Form:</u> FOR 1_2 := a_2 DOWNTO e_2 DO s;

```
     1₁ := a₁;                              1₂ := a₂;
     IF 1₁ <= e₁ THEN                       IF 1₂ >= e₂ THEN
     BEGIN                                  BEGIN
       s;                                     s;
       WHILE 1₁ < e₁ DO                       WHILE 1₂ > e₂ DO
       BEGIN                                  BEGIN
         1₁ := SUCC(1₁);                        1₂ := PRED(1₂);
         s;                                     s;
       END;                                   END;
     END;                                   END;
```

Zu Aufgabe 6.4 (Seite 29)

```
              PROGRAM QUAWURZEL (INPUT,OUTPUT);
                 LABEL 1111;
                 VAR
                   W,Z : REAL;

                 FUNCTION WURZEL(Z : REAL) : REAL;
                   CONST
                     EPS = 1E-5;
                   VAR
                     XN : REAL;
                 BEGIN
                   XN:= Z;
                   IF Z <> O THEN
                   WHILE ABS(XN*XN-Z)/Z > EPS DO
                     XN:= XN-(XN*XN-Z)/(2*XN);
                   WURZEL:= XN;
                 END;
```

Apple II ("interaktives Arbeiten")	Siemens 7.800 ("Batch")

```
BEGIN                          BEGIN
  1111:                          1111:
    WRITE('Z:'); READ(Z);          READ(Z);
    W:= WURZEL(Z);                 W := WURZEL(Z);
    WRITE(Z,W); WRITELN;          WRITE(Z,W); WRITELN;
  GOTO 1111;                      GOTO 1111;
END.                           END.
```

Vom Programm wird ausgedruckt:

```
        eingegebene
          Werte

      Z: | 2 |  2.00000  1.41422
      Z: | 3 |  3.00000  1.73205
      Z: | 5 |  5.00000  2.23607
      Z: |EOF|  0.00000  0.00000
      Z:       0.00000  0.00000
      Z:       0.00000  0.00000
```

Es wurden folgende Werte auf
den Datenkarten angegeben:

```
    2   3
    5
```

Vom Programm wurde ausgegeben:

```
2.00000E+00  1.41422E+00
3.00000E+00  1.73205E+00
5.00000E+00  2.23607E+00
              0              0 ) falsch;
                               } Abbruch mit
READREAL - EOF                 ) Fehlermeldu
```

Offensichtlich wird durch die Anweisungen

```
1111 READ(z);
     ...
     GOTO 1111;
```

eine unendliche Schleife programmiert, in deren Verlauf alle einzugebenden Werte
eingelesen werden. Bei der Rechenanlage Siemens 7.800 sind nach den Datenkarten
gewisse Steuerkarten anzugeben, die das Ende der Eingabe mitteilen. Auf Grund
dieser Steuerkarten wird das Programm mit einer Fehlermeldung abgebrochen. Es wird
später erläutert, wie man diesen Programmabbruch vermeiden kann (vgl. Seite 44).

Beim interaktiven Arbeiten ist nicht erkennbar, wann der Kleinrechner "aufnahmebereit"
ist, wir also Daten eingeben können. Wir helfen uns damit, daß wir unmittelbar vor
der Eingabe einen Text mit der Anweisung

```
WRITE('Z:');
```

auf dem Bildschirm ausgeben. - Die oben beschriebene unendliche Schleife läßt sich
nur durch "Stoppen von Hand" beenden.

<u>Zu Aufgabe 6.5</u> (Seite 29)

```
PROGRAM EULERBER   (INPUT,OUTPUT);     USES TRANSCEND;
   CONST
     EPS = 0.3E-5;
   VAR
     AN,E  : REAL;
     N     : INTEGER;

BEGIN
  N:= 1;  AN:= 1;  E:= 1;
  REPEAT
    AN:= AN/N;
    E := E + AN;
    N := N + 1;
  UNTIL AN <= EPS;
  WRITE(N,E,EXP(1));
  WRITELN;
END.
```

Nach lo-maligem Durchlaufen der REPEAT-Schleife ist die Eulersche Konstante e
mit der gewünschten Genauigkeit berechnet. Zum Vergleich wird noch e^1 ausgedruckt:

```
lo 2.71828 2.71828
```

<u>Zu Beispiel 7.1</u> (Seiten 31 bis 37)

```
PROGRAM AUSGABE   (INPUT,OUTPUT);
   VAR
     N,M : INTEGER;
     X,Y : REAL;
     A,B : BOOLEAN;
     C,D : CHAR;
```

siehe Seite			
	BEGIN		
	N:= 31253; M:= -446;		
31/32	WRITE(N:6); WRITE(M:7);	WRITELN;	
	WRITE(N:2); WRITE(M:3);	WRITELN;	
	WRITE(N); WRITE(M);	WRITELN;	

```
         X:= 31253;     Y:= -446;
33       WRITE(X:10);   WRITE(Y:4);      WRITELN;
         WRITE(X);      WRITE(Y);        WRITELN;

34       X:= 8.43;      Y:= -7.136;
         WRITE(X:7:3);  WRITE(Y:3:2);    WRITELN;

        (*A:= TRUE;     B:= FALSE;
34       WRITE(A:7);    WRITE(B:5);      WRITELN;
         WRITE(A);      WRITE(B);        WRITELN;*)

35   --> WRITE('TEXTAUSGABE IN PASCAL');WRITELN;

36       C:= '*';       D:= '%';
         WRITE(C:5);    WRITE(D:3);      WRITELN;

37   --> WRITE(X:7,3,Y:3:2);            WRITELN;
     END.
```

Die Ausgabe Boolescher Werte ist auf dem Apple II nicht vorgesehen; die Anweisungen werden daher als Kommentar - zwischen den Zeichen (* und *) angegeben.

Vom Programm werden folgende Zeilen ausgegeben:

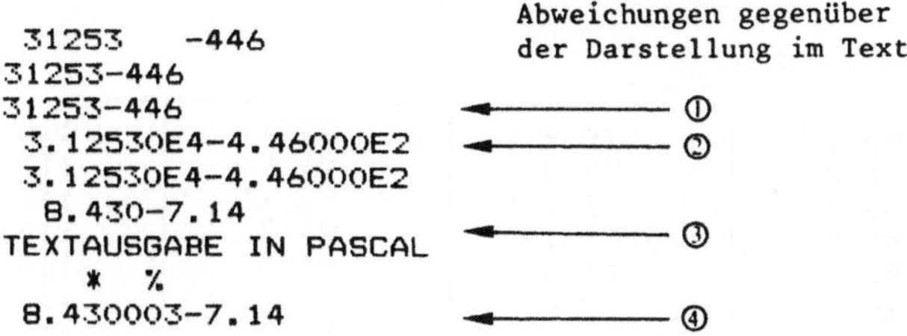

```
    31253    -446
   31253-446
   31253-446                    ←——————— ①
    3.12530E4-4.46000E2         ←——————— ②
    3.12530E4-4.46000E2
    8.430-7.14
   TEXTAUSGABE  IN PASCAL       ←——————— ③
        *  %
    8.430003-7.14              ←——————— ④
```

Abweichungen gegenüber
der Darstellung im Text

Der von uns benutzte PASCAL-Compiler auf dem Kleinrechner APPLE II weicht in
einigen Punkten von dem im Text beschriebenen Standard ab; da dies auch für
manchen anderen Compiler zutrifft, sollte man Testprogramme auf der benutzten
Rechenanlage durchführen.

Nun zu den bei der Lösung zu Beispiel 7.1 festgestellten Abweichungen:

① Falls die Feldweite w nicht angegeben ist, werden bei dem Kleinrechner so
  viele Druckpositionen genommen, daß alle Ziffern (und bei negativen Zahlen
  auch deren Vorzeichen) ausgegeben werden können. Damit können Zahlen (siehe④)
  aneinanderstoßen, so daß sie bei einem späteren Lesevorgang nicht mehr als
  separate Zahlen erkannt werden.

② Bei dem benutzten Kleinrechner wird als implizite Länge und als Mindestlänge
  für ein REAL-Ausgabefeld w = 10 angenommen, falls der Exponent mit ausgegeben
  wird, sonst hat das Feld die Länge 8.

③ Die Ausgabe Boolescher Werte ist bei dem benutzten Kleinrechner nicht vorgesehen.

④ Die (versehentlich) angegebene Konstante 3 läßt sich nicht von dem zuvor aus-
  gedruckten Wert 8.43000 der Variablen X trennen.

Zu Aufgabe 7.1 (Seite 40)

```
    PROGRAM CHRFUNKTION   (INPUT,OUTPUT);
      CONST
        NMAX = 126;
      VAR
        N    : INTEGER;
        CH   : CHAR;

    BEGIN
      WRITE('TABELLE DES ASCII ZEICHENSATZES ');
      WRITELN;
      FOR N:= 32 TO NMAX DO
      BEGIN
        CH:= CHR(N);
        WRITE(N:4); WRITE(CH:2);
        WRITELN;
      END;
    END.
```

Die Ausgabe des Programms vollzieht sich in einer Doppelspalte. Um Platz zu
sparen, führen wir die Ausgabe in einzelnen Segmenten nebeneinander auf.

TABELLE DES ASCII ZEICHENSATZES

	50 2	70 F	90 Z	110 n
	51 3	71 G	91 [	111 o
32	52 4	72 H	92 \	112 p
33 !	53 5	73 I	93]	113 q
34 "	54 6	74 J	94 ^	114 r
35 #	55 7	75 K	95 _	115 s
36 $	56 8	76 L	96 `	116 t
37 %	57 9	77 M	97 a	117 u
38 &	58 :	78 N	98 b	118 v
39 '	59 ;	79 O	99 c	119 w
40 (	60 <	80 P	100 d	120 x
41)	61 =	81 Q	101 e	121 y
42 *	62 >	82 R	102 f	122 z
43 +	63 ?	83 S	103 g	123 {
44 ,	64 @	84 T	104 h	124 |
45 -	65 A	85 U	105 i	125 }
46 .	66 B	86 V	106 j	126 ~
47 /	67 C	87 W	107 k	
48 0	68 D	88 X	108 l	
49 1	69 E	89 Y	109 m	

Die ersten 31 Plätze sowie der letzte Platz des ASCII-Zeichensatzes (vgl. Anhang,
Seite 151) haben wir uns nicht ausgeben lassen, weil hier Steuerzeichen für den
Rechner verschlüsselt sind (z.B. Bildschirm löschen, Wagenrücklauf), die wir
hier schlecht dokumentieren können. - Falls man an Stelle von NMAX = 126 einen
größeren Wert als 127 angibt, werden die Zeichen nochmals aufgelistet. D.h. die
Funktion CHR prüft nicht, ob der angegebene aktuelle Parameter in dem für den
benutzten Zeichencode zulässigen Wertebereich liegt.

Zu Beispiel 8.1 (Seite 41 bis 43)

Die nachfolgend angegebenen Testprogramme sind für die Dateneingabe über
Lochkarten gedacht. Sinngemäß lassen sie sich auf die interaktive Dateneingabe übertragen; man muß jedoch beachten, daß die eingegebenen Zeichen
unmittelbar analysiert werden. Dadurch ist es nicht möglich, im Anschluß
an ein abgewiesenes Zeichen weitere Zeichen anzugeben.

Zu Beispiel 8.1 (I)

```
PROGRAM EIN1(INPUT,OUTPUT);
   VAR
      N,M,K : INTEGER;

BEGIN
   READ(N); WRITE(N); WRITELN;
   READ(M); WRITE(M); WRITELN;
   READ(K); WRITE(K); WRITELN;
END.
```

Eingegebene Werte:

-386+25E1 821

Vom Programm wird ausgegeben:

    -386

      25

    Fehlermeldung ("kein gültiges Eingabezeichen für INTEGER-Zahl").

Zu Beispiel 8.1 (II)

```
PROGRAM EIN2(INPUT,OUTPUT);
    VAR
        X,Y : REAL;

BEGIN
    READ(X); WRITE(X); WRITELN;
    READ(Y); WRITE(Y); WRITELN;
END.
```

Eingegebene Werte:

    -0.5E3 0.031+7

Programmausgabe:

    -5.00000E2

     3.10000E-2

Zu Beispiel 8.1 (III)

```
PROGRAM EIN3(INPUT,OUTPUT);
    VAR
        Z : CHAR;
BEGIN

    READ(Z); WRITE(Z); WRITELN;
END.
```

Eingegebene Zeichenfolge

    ZNR 1

Programmausgabe:

    Z

Zu Beispiel 8.2 (Seite 46)

```
PROGRAM EINGABE(INPUT,OUTPUT);
    VAR
        J,K,L,M : INTEGER;
BEGIN
    READLN(J,K,L); WRITELN(J,K,L);
    READ(M);       WRITELN(M);
END.
```

Eingegebene Werte:

    -243⊃73 145 881⊃694   ⊃ Zeilenmarkierung

Programmausgabe:

    -24373145

     694

Wie im Text beschrieben, wird die Zahl 881 wegen der Angabe READLN überlesen.
Für die zusätzliche Variable M wird der Wert 694 der nächsten Datenkarte eingelesen.

Zu Aufgabe 8.1 (Seite 47)

Wir haben zu jeder der nachfolgenden Programmlösungen auf dem Rechner APPLE II
unterschiedliche Eingabeformen für jeweils dieselbe Wertefolge (1 bis 5) benutzt
und dabei voneinander abweichende Ergebnisse erhalten. Die unterschiedlichen Ergebnisse sind in der Festlegung der Programmiersprache PASCAL begründet und nicht
etwa in der Realisierung auf dem Kleinrechner. Die einzelnen Schritte dokumentieren
wir deshalb so ausführlich, weil wir den Leser vor falschen Ergebnissen bei seinen
Berechnungen bewahren wollen.

Für die Beschreibung der einzelnen Lösungen vereinbaren wir folgende Zeichen:

⊃ steht für die Zeilenmarkierung $\boxed{\frac{Z}{m}}$, die durch die Taste "return" gesetzt wird,

■ steht für die Markierung $\boxed{\frac{EO}{F}}$ am Ende der Eingabe-Datei,
  die durch die "end of text"-Taste bewirkt wird,

⊔ steht für ein Leerzeichen.

Die Werte wurden interaktiv eingegeben, deshalb wird vom Programm der Text

   MESSWERTE :

auf dem Bildschirm ausgegeben, um mitzuteilen, daß der Rechner bereit ist für die
Eingabe. Hieran anschließend wurden die jeweils aufgelisteten Werte mit den aufgeführten Markierungen eingegeben.

Lösung 1

```
PROGRAM MITTELWERT (INPUT,OUTPUT);
   VAR
      X,MITTEL : REAL;
      N          : INTEGER;

BEGIN
   MITTEL:= O; N:= O;
   WRITE('MESSWERTE :');

   READ(X);                      ◄─────────────
   WHILE NOT EOF DO
   BEGIN
      MITTEL:= MITTEL + X;
      N        := N + 1;
      READ(X);                   ◄─────────────
   END;

   WRITELN; WRITELN;
   WRITE('MITTELWERT AUS ',N,' WERTEN : ',MITTEL/N);
END.
```

a) Eingabe: 1⊔2⊔3⊔4⊔5⊃■

   Programmausgabe:

      MITTELWERT AUS 5 WERTEN : 3.0000

Diskussion:

Die Eingabe stimmt mit der Beschreibung auf Seite 44 überein,
das Ergebnis ist richtig.

b) Eingabe: ⌊2⌋3⌊4⌋5⌊█

Programmausgabe wie bei a)

<u>Diskussion:</u>

An Stelle der Zeilenmarkierung vor der EOF-Marke wurde ein Leerzeichen eingegeben. Hierdurch bleibt die EOF-Marke von der zuletzt eingegebenen Zahl getrennt.
Das Ergebnis ist richtig.

c) Eingabe: 1⌊2⌋3⌊4⌋5█

Programmausgabe:

    MITTELWERT AUS 4 WERTEN : 2.5000

<u>Diskussion:</u>

Das ausgedruckte Ergebnis ist falsch: Dadurch, daß die EOF-Marke der letzten
Zahl (5) unmittelbar folgt, erhält die Größe EOF im Programm mit Einlesen der
Zahl 5 den Wert TRUE zugewiesen. Damit wird die WHILE-Schleife zu früh abgebrochen.

d) Eingabe: 1⊃2⊃3⊃4⊃5⊃█

(Die Zahlen stehen auf dem Bildschirm untereinander)
Programmausgabe wie bei a)

<u>Diskussion:</u>

Da die Zeilenmarkierung wie ein Leerzeichen beim Einlesen von Zahlen interpretiert
wird, wird das richtige Ergebnis ausgegeben.

e) Eingabe: 1⊃2⊃3⊃4⊃5█

Programmausgabe:

    MITTELWERT AUS 4 WERTEN : 2.5000

<u>Diskussion:</u>

Das ausgedruckte Ergebnis ist falsch, weil die EOF-Marke unmittelbar nach der
letzten Zahl eingegeben und damit die WHILE-Schleife zu früh abgebrochen wurde.

<u>Lösung 2</u>

```
PROGRAM MITTELWERT (INPUT,OUTPUT);
  VAR
    X,MITTEL : REAL;
    N        : INTEGER;

BEGIN
  MITTEL:= 0; N:= 0;
  WRITE('MESSWERTE >');

  WHILE NOT EOF DO
  BEGIN
    READ(X);                    ⟵
    MITTEL:= MITTEL + X;
    N      := N + 1;
  END;

  WRITELN; WRITELN;
  WRITE('MITTELWERT AUS ',N,' WERTEN : ',MITTEL/N);
END.
```

a) Eingabe: 1␣2␣3␣4␣5⊃█

   Programmausgabe:

        MITTELWERT AUS 6 WERTEN : 2.5000

Diskussion:

Nach Einlesen der letzten Zahl (5) steht der interne Zeiger auf der
Zeilenmarkierung ⊃. Damit besitzt die Größe EOF im Programm noch den Wert
FALSE und die WHILE-Schleife wird noch ein weiteres Mal durchlaufen. Bei
der Anweisung READ(X); innerhalb der Schleife wird das Ende der Datei entdeckt;
es kann aber noch nicht wirksam werden. Der Wert für X ist undefiniert, auch
wenn bei den meisten PASCAL-Compilern der Wert O übermittelt wird (wie bei
dem von uns benutzten Compiler). - Die Variable N wird um 1 auf 6 erhöht und
erst bei Erreichen des Endes der WHILE-Schleife wird die End-of-file-Bedingung
wirksam und es wird nun die Schleife verlassen.
Der ausgegebene Wert ist falsch.
Dasselbe falsche Ergebnis wird ausgedruckt, wenn man bei denselben Eingabe-
werten an Stelle der Zeilenmarkierung ⊃ ein Leerzeichen ␣ eingibt.

b) Eingabe: 1␣2␣3␣4␣5█

   Programmausgabe:

        MITTELWERT AUS 5 WERTEN : 3.0000

Diskussion:

Mit Einlesen der letzten Zahl (5) wird das Ende der Datei entdeckt; dies
kann erst am Ende der WHILE Schleife wirksam werden.
Das ausgedruckte Ergebnis ist richtig.

Lösung 3

```
    PROGRAM MITTELWERT (INPUT,OUTPUT);
      VAR
        X,MITTEL : REAL;
        N          : INTEGER;

    BEGIN
      MITTEL:= O; N:= O;
      WRITE('MESSWERTE >');

      WHILE NOT EOF DO
      BEGIN
        READLN(X);                    ◄─────────────
        MITTEL:= MITTEL + X;
        N       := N + 1;
      END;

      WRITELN; WRITELN;
      WRITE('MITTELWERT AUS ',N,' WERTEN : ',MITTEL/N);
    END.
```

a) Eingabe: 1⊃2⊃3⊃4⊃5█

   Programmausgabe:

        MITTELWERT AUS 5 WERTEN : 3.0000

<u>Diskussion:</u>

Mit Einlesen der letzten Zahl wird gleichzeitig das Ende der Datei entdeckt.
Dies kann erst nach dem letzten Durchlaufen der WHILE-Schleife wirksam werden.
Der ausgegebene Wert ist korrekt.

b) Eingabe: 1⊃2⊃3⊃4⊃5⊃■

Programmausgabe:

    MITTELWERT AUS 6 WERTEN : 2.5000

<u>Diskussion:</u>

Da jetzt nach der letzten Zahl (5) zunächst die Return-Taste gedrückt wurde
(womit die Zeilenmarkierung ⊃ bewirkt wird) kann das Ende der Datei noch nicht
festgestellt werden. Zwar positioniert die Anweisung READLN den internen Zeiger
hinter die Zeilenmarkierung, womit er auf der EOF-Markierung positioniert sein
müßte.[+] Da wir aber unser Programm interaktiv arbeiten lassen, unsere Zahlen
und sonstigen Zeichen sowie Steuerinformationen direkt eingeben und unmittelbar
vom Programm verarbeiten lassen, ist mit der Eingabe

    5⊃

das Einlesen des Wertes 5 beendet. Das Drücken der ETX-Taste ist zeitlich noch
nicht erfolgt, bzw. wird vom Programm noch nicht wahrgenommen. Deshalb wird
noch ein weiterer Durchlauf der WHILE-Schleife durchgeführt. Auf Grund der
Anweisung READLN(X); wird zwar kein neuer Wert für X übertragen (es wird X=0
angenommen, s.o.), es wird aber jetzt erkannt, daß die Taste ETX zur Beendigung
der Dateneingabe gedrückt wurde. Die EOF-Bedingung wird erst am Ende der
WHILE-Schleife wirksam, nachdem die Variable N um 1 erhöht wurde. Der ausgegebene
Mittelwert ist falsch.

c) Eingabe: 1␣2␣3␣4␣5■

Programmausgabe:

    MITTELWERT AUS 1 WERTEN : 1.0000

<u>Diskussion:</u>

Für die Variable X wird der erste Wert übertragen. Wegen der Anweisung READLN
werden die übrigen Werte der Eingabe überlesen und es wird nach dem ersten
Durchlauf der WHILE-Schleife die EOF-Bedingung wirksam. Der ausgegebene
Mittelwert ist falsch.

d) Eingabe: 1␣2␣3␣4␣5⊃■

Programmausgabe:

    MITTELWERT AUS 2 WERTEN : 5.000E-1

[+] Im Falle eines Batch-Jobs mit Lochkarten ist es auch der Fall: Dasselbe Programm mit den Daten auf Lochkarten liefert ein korrektes Ergebnis für den Mittelwert, d.h.: Diesselben Programme können beim Einsatz im Batch-Betrieb zu anderen Ergebnissen als beim interaktiven Arbeiten führen.

<u>Diskussion:</u>

Aus dem unter c) genannten Grund werden die Zahlen 2 bis 5 überlesen.
Die EOF-Bedingung kann wegen des unter b) genannten Grundes erst beim
zweiten Lesevorgang erkannt werden. Der ausgegebene Mittelwert ist
falsch.

Wir haben zu der gestellten Aufgabe 8.1 drei verschiedene Lösungen mit jeweils einer Reihe von Eingabe-Varianten vorgestellt. Dabei zeigte sich,
daß nur je eine der Varianten in Verbindung mit der zugehörigen Programmlösung zu dem gewünschten Ergebnis führte. Hieraus sind folgende Konsequenzen zu ziehen:

1) Falls man ein Programm mit Dateneingabe entwickelt, muß man festlegen,
   - ob es im Batch mit Lochkarten oder interaktiv ausgeführt wird
     (vgl. Fußnote auf Seite 113),

   - in welcher Folge die Daten einzugeben sind und insbesondere, an welchen
     Stellen Leerzeichen, Zeilenmarkierungen bzw. die Markierung für
     das Dateiende einzugeben sind.

2) Falls man von einem anderen Programmierer ein Programm übernimmt,
   zu dem die Eingabe nicht entsprechend spezifiziert ist, oder falls
   man ein Programm auf einen anderen Rechner übertragen will (bei dem die
   Eingabe anders realisiert sein kann), sollte man die Folge der Eingabeanweisungen genau analysieren, bevor man das Programm einsetzt. Nur so
   kann man sich vor unangenehmen Überraschungen schützen.

3) Die hier angedeuteten Schwierigkeiten treten nicht nur bei der sogenannten
   Standardeingabe auf, sondern bei allen Dateien. Damit ist ein sehr hoher
   Unsicherheitsfaktor gegeben, den man nur durch sorgfältige Dokumentation
   der Programme und der Dateien gering halten kann.

<u>Zu Beispiel 8.3</u> (Seite 48)

Die Beispielaufgabe ist beim interaktiven Arbeiten mit dem Rechner nur
dann sinnvoll nachzuvollziehen, wenn sich die Dateneingabe nicht am Bildschirm vollzieht und das Programm die Daten aus einer weiteren Datei abrufen
kann. Diese Möglichkeit können wir allerdings erst später beschreiben, so daß
wir uns im Augenblick auf die Eingabe von Lochkarten beschränken wollen.

```
PROGRAM RECHNUNG(INPUT,OUTPUT);
VAR
      ANR        : INTEGER;
      SU,ME,EP   : REAL;
      CH         : CHAR;
```

```pascal
PROCEDURE ANSCHR;
   VAR
      Z : CHAR;
      J : INTEGER;
BEGIN
   FOR J := 2 TO 41 DO
   BEGIN
      READ(Z);
      IF Z = '*' THEN WRITELN
                 ELSE WRITE(Z);
   END;
   WRITELN;
   WRITE(' RECHNUNG UEBER'); WRITELN;
   WRITE(' MENGE ARTNR. EINZPR.  GESPR. '); WRITELN;
END;

PROCEDURE  POSTEN(ANR:INTEGER; EP,ME:REAL; VAR S:REAL);
BEGIN
   S := S+EP*ME;
   WRITE(ME:5:1,ANR:8,EP:7:2,ME*EP:8:2); WRITELN;
END;

PROCEDURE SUMME(S:REAL);
BEGIN
   WRITE('            SUMME =',S:10:2); PAGE;            +) s.u.
END;

BEGIN
   SU := 0;
   WHILE NOT EOF DO
   BEGIN
      READ(CH);
      CASE CH OF
         'A' : ANSCHR;
         'P' : BEGIN
                  READ(ANR,EP,ME);
                  POSTEN(ANR,EP,ME,SU);
               END;
         'L' : BEGIN
                  SUMME(SU); SU := 0;
               END;
      END;
      READLN;
   END;
END.
```

Es wurden folgende Datenkarten eingegeben:

```
ANAME*WOHNUNG*ORT*

P    123    10.30    3.4

P    125    10.00    3.0

L
```

Druckausgabe:

```
        NAME
        WOHNUNG
        ORT
        RECHNUNG UEBER
        MENGE ARTNR. EINZPR.  GESPR.
         3.4      123   10.30    35.02
         3.0      125   10.00    30.00
                       SUMME =   65.02
```

+) Die Anweisung PAGE; gehört zwar zum PASCAL-Sprachstandard, wird aber nicht von allen Compilern unterstützt. Sie bewirkt einen Vorschub der Druckausgabe zur nächsten Seite.

Zu Aufgabe 8.2 (Seite 50)

```
CASE CH OF                               IF CH = 'A' THEN ANSCHR;
  'A' : ANSCHR;
  'P' : BEGIN READ(ANR,EP,ME);           IF CH = 'P' THEN BEGIN READ(ANR,EP,ME);
              POSTEN(ANR,EP,ME,SU);                          POSTEN(ANR,EP,ME,SU);
        END;                                           END;
  'L' : BEGIN SUMME(SU); SU := O;        IF CH = 'L' THEN BEGIN SUMME(SU); SU := O;
        END;                                           END;
END;
```

Zwischen beiden Programmausschnitten bestehen folgende Unterschiede:

1) Falls bei der CASE-Anweisung die Zeichenvariable CH keins der Zeichen
   'A', 'P' oder 'L' gespeichert hat, führt dies (laut Sprachspezifikation,
   jedoch Abweichung bei den meisten Compilern) zum Abbruch des Programms.
   Dies ist bei der Folge der IF-Anweisungen nicht der Fall.

2) Falls bei der CASE-Anweisung die Übereinstimmung der Zeichenvariablen
   mit der Konstanten festgestellt wird, werden die restlichen Statements
   in der CASE-Anweisung übersprungen. Bei den IF-Anweisungen wird dagegen
   immer die gesamte Folge durchlaufen. (Man kann dies durch entsprechende
   IF-THEN-ELSE-Zweige natürlich verhindern.)

Zu Aufgabe 8.3 (Seite 50)

```
      PROGRAM TASCHENRECHNER (INPUT,OUTPUT);
        VAR
          OPERATOR          : CHAR;
          ERGEBNIS,OP1,OP2 : REAL;

      BEGIN
        WRITE('GEBEN SIE EINEN ARITHMETISCHEN'); WRITELN;
        WRITE('AUSDRUCK DER FORM ');              WRITELN;
        WRITE('OP1 OPERATOR OP2 EIN: ');
        READ(OP1);
        READ(OPERATOR);
        WHILE OPERATOR = ' ' DO
          READ(OPERATOR);
        READ(OP2);

        CASE OPERATOR OF
           '+' : ERGEBNIS:= OP1  +  OP2;
           '-' : ERGEBNIS:= OP1  -  OP2;
           '*' : ERGEBNIS:= OP1  *  OP2;
           '/' : ERGEBNIS:= OP1  /  OP2;
        END;

        WRITE('=',ERGEBNIS); WRITELN;
      END.
```

Auf dem Bildschirm erscheinen folgende Zeilen:

```
      GEBEN SIE EINEN ARITHMETISCHEN
      AUSDRUCK DER FORM
      OP1 OPERATOR OP2 EIN: 5.2 + 2 = 7.20000
```

Eingabe am Bildschirm

<u>Zu Beispiel 9.1 (Seite 51 bzw. 53)</u>

1) Die Polynomberechnung in dem Funktionsunterprogramm POL wird mit Hilfe des
sogenannten Horner-Schemas durchgeführt, das auf folgender Überlegung basiert:
Das Polynom

$$y = \sum_{j=0}^{n} a_j \cdot x^j = a_0 + a_1 x + \ldots + a_{n-1} x^{n-1} + a_n x^n$$

wird umgeformt zu:

$$y = a_n x^n + a_{n-1} x^{n-1} + \ldots + a_1 x + a_0 = (\ldots (a_n x + a_{n-1}) \cdot x + \ldots a_1) x + a_0$$

Dem Ausdruck

$$S := S*X + A[J] \qquad J = n, n-1, \ldots, 0$$

entsprechen die einzelnen oben angedeuteten Klammerausdrücke. Sie werden
innerhalb der DO Schleife berechnet.

2) Wir haben die Deklaration von Vektoren in dem Beispiel in zwei Schritten
vollzogen, nämlich (s.u.)

    TYPE VKT = ARRAY [0..5] OF REAL;
    ...
    VAR A : VKT;

Dies könnte man in einer Vereinbarungsanweisung zusammenfassen (vgl. Seite 59):

    VAR A : ARRAY [0..5] OF REAL;

Dies geht jedoch nur dann, wenn man den Vektor A nicht als Parameter an ein
Unterprogramm übergeben will, wie es bei der Funktion POL erforderlich ist.
Wegen dieser Einschränkung werden wir die Vereinbarung von Vektoren und Matrizen
in den oben beschriebenen zwei Schritten vornehmen.

```
PROGRAM POLYNOMBER   (INPUT,OUTPUT);
  CONST
    XMIN = -1.0; DX = 0.2; XMAX = 1.0;
  TYPE
    VKT  = ARRAY [0..5] OF REAL;
  VAR
    X,Y  : REAL;
    A    : VKT;

  FUNCTION POL(X:REAL; A:VKT; N:INTEGER) : REAL;      |+)
    VAR
      S  : REAL;
      J  : INTEGER;
  BEGIN
    S:= 0;
    FOR J:= N DOWNTO 0 DO
      S:= S*X + A[J];
    POL:= S;
  END;
```

[+)]Der mit dem Parameter A korrespondierende aktuelle Parameter muß den Typ VKT
besitzen. Damit ist ein Aufruf der Funktion POL mit einem Vektor mit anderen
Grenzen als ihn der Vektor A mit dem Typ VKT besitzt, nicht möglich. Dieser
Umstand schränkt die Verwendung von Unterprogrammen in Verbindung mit Vektoren ein.

```pascal
BEGIN
  A[0]:= 0; A[1]:=   1.5706268;
  A[2]:= 0; A[3]:= -0.6432292;
  A[4]:= 0; A[5]:=   0.0727102;
  X:= XMIN;
  REPEAT
    Y:= POL(X,A,5);
    WRITE(X:6:2); WRITE(Y:7:3); WRITELN;
    X:= X+DX;
  UNTIL X > XMAX;
END.
```

```
-1.00 -1.000
-0.80 -0.951
-0.60 -0.809
-0.40 -0.588
     ~
 0.40  0.588
 0.60  0.809
 0.80  0.951
 1.00  1.000
```

Zu Aufgabe 9.1 (Seite 54)

```pascal
PROGRAM HERMITEBER  (INPUT,OUTPUT);
  CONST
    XMIN = -2.0; DX = 0.1; XMAX = 2.0;
  TYPE
    VKT  = ARRAY [0..5] OF REAL;
  VAR
    X,Y  : REAL;
    A    : VKT;

  FUNCTION HPOL(X:REAL; A:VKT; N:INTEGER) : REAL;
    VAR
      S  : REAL;
      J  : INTEGER;
  BEGIN
    S:= 0;
    FOR J:= N DOWNTO 0 DO
      S:= S*X + A[J];
    HPOL:= S;
  END;

BEGIN
  A[0]:= 0; A[1]:=   15;
  A[2]:= 0; A[3]:= -10;
  A[4]:= 0; A[5]:=    1;
  X:= XMIN;
  REPEAT
    Y:= HPOL(X,A,5);
    WRITE(X:6:2);
    WRITE('*':ROUND(Y)+20); WRITELN;
    X:= X + DX;
  UNTIL X > XMAX;
END.
```

```
-2.00                                       *
-1.90                                   *
-1.80                               *
-1.70                           *
 ________________________________
 1.70            *
 1.80          *
 1.90        *
```

(Für X ~ 2,0 erfolgt keine Ausgabe mehr, da X durch Rundungen etwas größer
als XMAX ist).

Zu Beispiel 9.2 (Seite 56) und Aufgabe 9.2 (Seite 60)

Im nachfolgenden Programm geben wir Prozeduren an

- für die Eingabe der Ausgangsmatrizen (LIESMATRIX),
- für die Berechnung der Produktmatrix (PRODUKTMATRIX),
- für die Ausgabe der Ergebnisse   (DRUCKMATRIX).

Wir haben dies getan, um die Lösung etwas stärker zu strukturieren. - Falls man die angegebenen Prozeduren in einer anderen Programmumgebung aufrufen will, muß man folgendes beachten: Für die Matrix-Parameter MAT1, MAT2, MAT3 wurden die Typen MA, MB und MC festgelegt. Als aktueller Parameter kommt deshalb nur eine Variable mit dem entsprechenden Typ in Frage, d.h. ein Aufruf PRODUKTMATRIX(C,...); ist zulässig, wenn die Variable C mit dem Typ MC festgelegt wurde, nicht jedoch, wenn für C angegeben wäre:

```
VAR C : ARRAY [1..3,1..4]  OF REAL;
```

Dieser Sachverhalt schränkt die Verwendung von Prozeduren mit Feldern ein.

```
PROGRAM MATRIX (INPUT,OUTPUT);
  CONST
    N = 3; M = 2; L = 4;
  TYPE
    MA= ARRAY[1..N,1..M] OF REAL;
    MB= ARRAY[1..M,1..L] OF REAL;
    MC= ARRAY[1..N,1..L] OF REAL;
  VAR
    A      : MA;
    B      : MB;
    C      : MC;

  PROCEDURE LIESMATRIX(VAR MAT1:MA;ZEILE1,SPALTE1 : INTEGER;
                       VAR MAT2:MB;ZEILE2,SPALTE2 : INTEGER);
    VAR
      I,J : INTEGER;
  BEGIN
    WRITE('EINGABE MATRIX 1'); WRITELN;
    FOR I:=1 TO ZEILE1 DO
      FOR J:= 1 TO SPALTE1 DO
      BEGIN
        WRITE(I:2,',',J:2,' > ');
        READLN(MAT1[I,J]);
      END;
    WRITE('EINGABE MATRIX 2'); WRITELN;
    FOR I:=1 TO ZEILE2 DO
      FOR J:= 1 TO SPALTE2 DO
      BEGIN
        WRITE(I:2,',',J:2,' > ');
        READLN(MAT2[I,J]);
      END;
  END;

  PROCEDURE PRODUKTMATRIX(VAR MAT3:MC;ZEILE,SPALTE: INTEGER;
                          MAT1:MA;MAT2:MB;DIM : INTEGER);
    VAR
      I,J,K : INTEGER;
      S        : REAL;
  BEGIN
    FOR I:=1 TO ZEILE DO
      FOR J:=1 TO SPALTE DO
      BEGIN
        S:= 0;
        FOR K:=1 TO DIM DO
          S:= S + A[I,K]*B[K,J];
        C[I,J]:= S;
      END;
  END;
```

```
    PROCEDURE DRUCKEMATRIX(MAT3:MC; ZEILE, SPALTE   : INTEGER);
       VAR
          I,J : INTEGER;
    BEGIN
       WRITE('AUSGABE PRODUKTMATRIX'); WRITELN;
       FOR I:=1 TO ZEILE DO
       BEGIN
         FOR J:=1 TO SPALTE DO
           WRITE(MAT3[I,J]:5:2);
         WRITELN;
       END;
    END;

  BEGIN
    LIESMATRIX    (A,N,M,B,M,L);
    PRODUKTMATRIX(C,N,L,A,B,M);
    DRUCKEMATRIX (C,N,L);
  END.
```

Die Eingabe der Matrixelemente für A und B vollzieht sich in der Weise, daß
jeweils die Indizes für das einzugebende Element ausgedruckt werden. Anschließend
wurden die umrandeten Werte eingegeben. Es sind folgende Matrizen an das Programm
übermittelt:

Es sind folgende Matrizen
an das Programm übermittelt:

```
EINGABE MATRIX 1
  1, 1 > 1
  1, 2 > 2
  2, 1 > 1
  2, 2 > 3
  3, 1 > 4
  3, 2 > 0
EINGABE MATRIX 2
  1, 1 > 1
  1, 2 > 2
  1, 3 > 3
  1, 4 > 1
  2, 1 > 4
  2, 2 > 5
  2, 3 > 6
  2, 4 > 1
AUSGABE PRODUKTMATRIX
  9.00 12.00 15.00 3.00
 13.00 17.00 21.00 4.00
  4.00 8.00 12.00 4.00
```

$$A = \begin{pmatrix} 1 & 2 \\ 1 & 3 \\ 4 & 0 \end{pmatrix}$$

$$B = \begin{pmatrix} 1 & 2 & 3 & 1 \\ 4 & 5 & 6 & 1 \end{pmatrix}$$

Als Produktmatrix ist ausgegeben:

$$C = \begin{pmatrix} 9 & 12 & 15 & 3 \\ 13 & 17 & 21 & 4 \\ 4 & 8 & 12 & 4 \end{pmatrix}$$

Zu Aufgabe 9.3 (Seite 60)

```
    PROGRAM HAEUFIGKEIT (INPUT,OUTPUT);
       TYPE
          VKT    = ARRAY['A'..'Z'] OF INTEGER;
       VAR
          N      : INTEGER;
          ANZ    : VKT;

       PROCEDURE INIT(VAR ANZ : VKT);
          VAR
             CH     : CHAR;
       BEGIN
         FOR CH:='A' TO 'Z' DO
           ANZ[CH]:= 0;
       END;
```

```
  PROCEDURE EINGABE(VAR ANZ : VKT; VAR N : INTEGER);
     VAR
       CH      : CHAR;
   BEGIN
     WRITE('TEXTEINGABE :');
     N:= 0; READ(CH);
     WHILE NOT EOF DO
     BEGIN
       IF   ('A' <= CH) AND (CH <='Z') THEN
       BEGIN
         ANZ[CH]:= ANZ[CH] + 1;
         N         := N + 1;
       END;
       READ(CH);
     END;
   END;

   PROCEDURE AUSGABE(ANZ : VKT; N : INTEGER);
     VAR
       CH : CHAR;
     BEGIN
     WRITE('RELATIVE HAEUFIGKEIT'); WRITELN;
     FOR CH:='A' TO 'Z' DO
     BEGIN
       WRITE(CH); WRITE(ANZ[CH]/N*100:10:2); WRITELN;
     END;
     WRITE('GESAMTZAHL DER BUCHSTABEN:',N:6);WRITELN;
   END;

BEGIN
  INIT    (ANZ);
  EINGABE(ANZ,N);
  AUSGABE(ANZ,N);
END.
```

```
TEXTEINGABE :|DIESER TEXT WIRD        ⟵——— ⎡Am Bildschirm eingegebener
|JETZT UNTERSUCHT.                          ⎣Text.
```

```
RELATIVE HAEUFIGKEIT
A        0.00
B        0.00
C        3.45
D        6.90
E       17.24
F        0.00
G        0.00
H        3.45
I        6.90
                Z
P        0.00
Q        0.00
R       10.34
S        6.90
T       20.69
U        6.90
V        0.00
W        3.45
X        3.45
Y        0.00
Z        3.45
GESAMTZAHL DER BUCHSTABEN:     29
```

Zu Aufgabe 9.4 (Seite 62)

```
  PROGRAM INSERTSORT (INPUT,OUTPUT);
    CONST
      OGRENZE        = 100;
    TYPE
      WERTE          = ARRAY[1..OGRENZE] OF INTEGER;
    VAR
      N,NMAX,WNEU : INTEGER;
      W               : WERTE;

    PROCEDURE SUCH(VAR ZEIG : INTEGER; NMAX,WNEU : INTEGER; W : WERTE);
      VAR J    : INTEGER; DONE : BOOLEAN;
    BEGIN
      J:= 1; DONE:= FALSE;
      WHILE (J <= NMAX) AND (NOT DONE) DO
      BEGIN
        IF WNEU < W[J] THEN
        BEGIN
          ZEIG:= J; DONE:= TRUE;
        END;
        J:= J + 1;
      END;
      IF NOT DONE THEN
        ZEIG:= NMAX + 1;
    END;

    PROCEDURE SPREIZ (ZEIG: INTEGER;VAR NMAX : INTEGER;
                                    VAR W    : WERTE );
      VAR J : INTEGER;
    BEGIN
      NMAX:= NMAX + 1;
      FOR J:= NMAX DOWNTO ZEIG +1 DO
        W[J]:= W[J-1];
    END;

    PROCEDURE AUSGABE (NMAX : INTEGER; W : WERTE);
      VAR J : INTEGER;
    BEGIN
      WRITELN;
      WRITELN('AUSGABE SORTIERT');
      FOR J:=1 TO NMAX DO
        WRITE(W[J]:5);
      WRITELN;
    END;

  BEGIN
    WRITE('EINGABE');     WRITELN;
    READ(WNEU); READLN; NMAX:=0;
    WHILE (NOT EOF) AND (NMAX < OGRENZE) DO
    BEGIN
      SUCH(N,NMAX,WNEU,W);
      SPREIZ(N,NMAX,W);
      W[N]:=WNEU;
      READ(WNEU); READLN;
    END;
    AUSGABE(NMAX,W);
  END.
```

⊃ Zeilenmarkierung

■ Dateiende-Markierung

```
EINGABE
2⊃
5⊃
4⊃
9⊃
1⊃■      //      AUSGABE SORTIERT
                      1     2     4     5     9
```

Die Dateiende-Markierung kann man über die Tastatur über
eine besondere Taste ETX erreichen oder durch (fast) gleich-
zeitiges Drücken der Tasten CNTL und Buchstabe D.

Zu Aufgabe 9.5 (Seite 62)

Wie im Text beschrieben, kann man keine Zeichenfolge in eine Variable einlesen,
die als gepacktes Feld deklariert ist. Wir haben deshalb die Prozedur INITSORT
zum Einlesen der einzelnen Lochkarten programmiert.[+] Im übrigen lehnen sich die
Prozeduren an die Lösung zu Aufgabe 9.4 an, wobei einige Erweiterungen vorgenommen
wurden, um der Aufgabenstellung gerecht zu werden. Bei der Programmlösung wurde das
gesamte Datenfeld als "Sortierbegriff" behandelt. Dies ist von der Programmierung
her zwar sehr bequem, läßt sich aber bei aufwendigeren Datenstrukturen nicht durch-
halten. Dann muß man mit der Sortierung der Namen (allgemein: "Sortierfeld") auch
die Umspeicherung des zugehörigen Datenfeldes vornehmen.

```
PROGRAM  BINAERSORT (INPUT,OUTPUT);
  CONST
    OGRENZE = 100; LAENGE = 80;
  TYPE
    INDEX   = 0..OGRENZE;
    STRING80= PACKED ARRAY[1..LAENGE] OF CHAR;
    LISTE   = ARRAY [INDEX] OF STRING80;

  VAR
    A       : LISTE;
    N       : INTEGER;

  PROCEDURE INITSORT (VAR A:LISTE;VAR N:INDEX);
    VAR
      I,J : INTEGER;
      CH  : CHAR;
  BEGIN
    WRITELN ('UNSORTIERTE NAMEN ');
    WRITELN;
    N:= 0;
    WHILE (NOT EOF) AND (N < OGRENZE ) DO
    BEGIN
      N:= N + 1;
      FOR J:= 1 TO LAENGE DO
        A[N,J]:= ' ';
      READ(CH); I:= 0;                        |  +)s.u.
      WHILE (NOT EOLN) AND (I < LAENGE ) DO    |
      BEGIN                                    |
        I       := I + 1;                      |
        A[N,I]:= CH;                           |
        READ(CH);                              |
      END;                                     |
    END;
    WRITELN;
  END;
```

[+] In UCSD-PASCAL braucht man den Umweg: Lesen der einzelnen Zeichen CH und
Umspeichern in das gepackte Feld A nicht zu gehen, vielmehr kann man kürzer
schreiben: READLN(A[N]);   (READLN erforderlich).

```
PROCEDURE SORT(VAR A:LISTE;VAR N:INTEGER);
   VAR
     ELEMENT                    : STRING80;
     VORNE,MITTE,HINTEN,I,J : INTEGER;
BEGIN
  FOR I:= 2 TO N DO
  BEGIN
    ELEMENT:= A[I];
    VORNE:=1; HINTEN:= I - 1;
    WHILE VORNE <= HINTEN  DO
    BEGIN
      MITTE:= (VORNE + HINTEN) DIV 2;
      IF ELEMENT < A[MITTE] THEN
        HINTEN:= MITTE - 1
      ELSE
        VORNE := MITTE + 1;
    END;
    FOR J:= I DOWNTO VORNE+1 DO
      A[J]:= A[J-1];
    A[VORNE]:= ELEMENT;
  END;
END;

PROCEDURE AUSGABE(VAR A:LISTE;N:INTEGER);
   VAR
     I : INTEGER;
BEGIN
  WRITELN('SORTIERTE NAMEN ');
  WRITELN;
  FOR I:=1 TO N DO
    WRITELN(A[I]);
END;

BEGIN
  INITSORT(A,N);
  SORT    (A,N);
  AUSGABE (A,N);
END.
```

Kommentare zum Programm:

- ELEMENT:= A[I]; → Wählen des zu vergleichenden Wertes
- MITTE:= (VORNE + HINTEN) DIV 2; → Suchen der Stelle, an der der Wert eingefügt werden muß
- FOR J:= I DOWNTO VORNE+1 DO → Verschieben aller Werte
- A[VORNE]:= ELEMENT; → Einfügen des Wertes an der Stelle a_{vorne}

UNSORTIERTE NAMEN

```
MUELLER          SOEGESTR.      704 ┐
SCHMIDT          AM WALL        506 │
MEIER            BISMARCKSTR.   305 │  Eingabedaten
MEYER            FERNSTR.         1 │
BOTZ             LUCASWEG         3 ┘
```

SORTIERTE NAMEN

```
BOTZ             LUCASWEG         3 ┐
MEIER            BISMARCKSTR.   305 │
MEYER            FERNSTR.         1 │  Ausgabe
MUELLER          SOEGESTR.      704 │
SCHMIDT          AM WALL        506 ┘
```

<u>Zu Beispiel 10.1</u> (Seite 63)

Das Programm wurde - ähnlich wie die Lösung zu Aufgabe 9.3, Seite 120, durch
einzelne Prozeduren strukturiert. Es liefert bei gleichen Eingabedaten dieselben
Ergebnisse wie das Programm zu Aufgabe 9.3.

```
PROGRAM HAEUFIGKEIT (INPUT,OUTPUT);
  TYPE
    BUCHSTABEN = 'A' .. 'Z';
    MENGE      = SET OF BUCHSTABEN;
    VKT        = ARRAY[BUCHSTABEN] OF INTEGER;
  VAR
    N          : INTEGER;
    ANZ        : VKT;

  PROCEDURE INIT(VAR ANZ : VKT);
    VAR
      CH : CHAR;
  BEGIN
    FOR CH:= 'A' TO 'Z' DO
      ANZ[CH]:= O;
  END;

  PROCEDURE EINGABE(VAR ANZ : VKT;VAR N : INTEGER);
    VAR
      CH      : CHAR;
      ZEICHEN : MENGE;
  BEGIN
    ZEICHEN := [ 'A'..'Z' ]; N:= O;
    WRITE('TEXTEINGABE :'); READ(CH);
    WHILE NOT EOF DO
    BEGIN
      IF CH IN ZEICHEN THEN
      BEGIN
        ANZ[CH]:= ANZ[CH] + 1;
        N       := N + 1;
      END;
      READ(CH);
    END;
  END;

  PROCEDURE AUSGABE(ANZ : VKT;N : INTEGER);
    VAR
      CH : CHAR;
  BEGIN
    WRITE('RELATIVE HAEUFIGKEIT'); WRITELN;
    FOR CH:= 'A' TO 'Z' DO
    BEGIN
      WRITE(CH); WRITE(ANZ[CH]/N*100:10:2);
      WRITELN;
    END;
    WRITE('GESAMTZAHL DER BUCHSTABEN:',N:6);
    WRITELN;
  END;

BEGIN
  INIT    (ANZ);
  EINGABE(ANZ,N);
  AUSGABE(ANZ,N);
END.
```

Ausgabe wie bei Aufgabe 9.3, Seite 120.

Zu Aufgabe 10.1 (Seite 66)

```pascal
PROGRAM HAEUFIGKEIT (INPUT,OUTPUT);
  CONST
    MAXWORT = 25; ETX = 3; CR = 13;
  TYPE
    MENGE     = SET OF CHAR;
    VKT       = ARRAY[CHAR] OF INTEGER;
    ANZWORT   = ARRAY[1..MAXWORT] OF INTEGER;
  VAR
    N,NWORT   : INTEGER;
    ANZ       : VKT;
    LAENGEN   : ANZWORT;
    ZEICHEN   : MENGE;

  PROCEDURE INIT(VAR ANZ : VKT; VAR LAENGEN : ANZWORT);
    VAR
      CH : CHAR;
      I  : INTEGER;
  BEGIN
    ZEICHEN:= [];
    FOR I:= 32 TO 126 DO
    BEGIN
      CH      := CHR(I);
      ZEICHEN:= ZEICHEN + [CH];
      ANZ[CH]:= 0;
    END;
    FOR I:= 1 TO MAXWORT DO
      LAENGEN[I]:= 0;
  END;

  PROCEDURE EINGABE(VAR ANZ : VKT;VAR N : INTEGER;
                    VAR LAENGEN : ANZWORT; VAR NWORT : INTEGER);
    VAR
      CH          : CHAR;
      WORTZAEHL   : INTEGER;
      BUCHSTABEN  : SET OF 'A' .. 'Z';
      WORTENDE    : SET OF CHAR;
  BEGIN
    BUCHSTABEN:=['A'..'Z'];
    WORTENDE:= ZEICHEN - BUCHSTABEN + [ CHR(ETX),CHR(CR) ];
    WRITE('TEXTEINGABE :'); WRITELN;
    READ(CH);
    N:= 0; WORTZAEHL:= 0; NWORT:= 0;
    WHILE NOT EOF DO
    BEGIN
      IF CH IN ZEICHEN THEN
      BEGIN
        ANZ[CH]   := ANZ[CH] + 1;
        N         := N + 1;
        IF NOT ( CH IN WORTENDE ) THEN
          WORTZAEHL:= WORTZAEHL + 1
        ELSE
        BEGIN
          NWORT:= NWORT + 1;
          IF WORTZAEHL > MAXWORT THEN
            WORTZAEHL:= MAXWORT;
          LAENGEN[NWORT]:= WORTZAEHL;
          WORTZAEHL:= 0;
        END;
      END;
      READ(CH);
    END;
  END;
```

```pascal
  PROCEDURE AUSGABE(ANZ : VKT; N : INTEGER;
                    LAENGEN : ANZWORT; NWORT : INTEGER);
   VAR
     CH        : CHAR;
     I,K,ZAHL : INTEGER;
     MIN,MAX,H: REAL;
  BEGIN
    WRITELN;
    WRITELN('ZEICHEN  REL. HAEUFIGKEIT DER ZEICHEN ');
    WRITELN('------------------------------------------- ');
    MIN:= 0; MAX:= 0;
    FOR K:= 32 TO 126 DO
    BEGIN
      CH:= CHR(K);
      H := ANZ[CH]/N*100;
      IF MIN > H THEN MIN:= H
                 ELSE
                    IF MAX < H THEN MAX:= H;
    END;
    H:= 50/(MAX - MIN);
    FOR I:= 32 TO 126 DO
    BEGIN
      CH:= CHR(I);
      IF ANZ[CH] <> 0 THEN
      BEGIN
        WRITE(CH); WRITE(ANZ[CH]/N*100:10:2,' ');
        FOR K:= 1 TO ROUND(H*(ANZ[CH] -MIN)) DO
          WRITE('*');
        WRITELN;
      END;
    END;
    WRITELN;
    WRITELN('WORTLAENGEN  ANZAHL  MITTL. WORTLAENGEN');
    WRITELN('-------------------------------------------');
    FOR I:= 1 TO MAXWORT DO
    BEGIN
      ZAHL:=LAENGEN[I];
      WRITE(I:3,ZAHL:14,ZAHL/NWORT*100:10:2); WRITELN;
    END;
    WRITELN;
    WRITE('GESAMTZAHL DER ZEICHEN:',N:6);
    WRITELN;
  END;

BEGIN
  INIT    (ANZ,LAENGEN);
  EINGABE(ANZ,N,LAENGEN,NWORT);
  AUSGABE(ANZ,N,LAENGEN,NWORT);
END.
```

| Eingabe des Textes

```
ZEICHEN  REL. HAEUFIGKEIT DER ZEICHEN
---------------------------------------------
      17.39 ********************************
!      4.35 ********
'      2.90 ******
,      2.90 ******
C      2.90 ******
D      4.35 ********
E     10.14 *******************
```

```
WORTLAENGEN  ANZAHL  MITTL. WORTLAENGEN
-------------------------------------------
   1            6      31.58
   2            0       0.00
   3            4      21.05
```

Zu Beispiel 10.2 (Seite 66)

```
PROGRAM SPORTBOOTE (INPUT,OUTPUT);
  TYPE
    MATERIAL = (EISEN,ALUMINIUM,HOLZ,KUNSTSTOFF,BETON);
  VAR
    X,H        : MATERIAL;
    MAT        : SET OF MATERIAL;
    K          : INTEGER;

  PROCEDURE INTERPRET(K : INTEGER; VAR X : MATERIAL);
  BEGIN
    IF K IN [1..5] THEN
      CASE K OF
        1 : X:= EISEN;
        2 : X:= ALUMINIUM;
        3 : X:= HOLZ;
        4 : X:= KUNSTSTOFF;
        5 : X:= BETON;
      END;
  END;

  PROCEDURE AUSGABE(X : MATERIAL);
  BEGIN
    CASE X OF
      EISEN      : WRITE('EISEN');
      ALUMINIUM : WRITE('ALU');
      HOLZ       : WRITE('HOLZ');
      KUNSTSTOFF: WRITE('GFK');
      BETON      : WRITE('BETON')
    END;
    WRITELN;
  END;

  BEGIN
    WRITE('EINGABE (1..5) '); WRITELN;
    READ(K);
    WHILE NOT EOF DO
    BEGIN
      INTERPRET(K,X);
      AUSGABE   (X);
      READ(K);
    END;
    WRITELN;
    MAT:= [EISEN,KUNSTSTOFF,ALUMINIUM];
    FOR H:= EISEN TO BETON DO
      IF H IN MAT THEN
          AUSGABE(H);
  END.
```

```
EINGABE (1..5)
```

eingegebene Werte →
+)s.u. →

2	ALU
5	BETON
4	GFK
9	GFK
1	EISEN
■	

Ausgabe zu den eingegebenen Werten

```
EISEN
ALU
GFK
```

Ausgabe der Menge MAT

[+] Die falsche Eingabe 9 wird von dem Programm nicht entdeckt; es wird mit dem vorausgehenden Wert X = KUNSTSTOFF die Programmausführung fortgesetzt.

Zu Aufgabe 10.2 (Seite 69)

```
     PROGRAM LISTEDERHERSTELLER (OUTPUT);
       TYPE
         WAGENTYP     = (AUDI,OPEL,FORD,FIAT,MERCEDES,
                         BMW,PEUGEOT,CITROEN,GM,LEYLAND,VW);
         HERSTELLER = SET OF WAGENTYP;
       VAR
         KLEINWAGEN,MITTELKLASSE,LUXUS,DEUTSCH : HERSTELLER;

       PROCEDURE DRUCKE( GRUPPE : HERSTELLER);
         VAR
           NAME   : WAGENTYP;
           FERTIG : BOOLEAN;
       BEGIN
         NAME   := AUDI;
         FERTIG:= FALSE;
         REPEAT
           IF NAME IN GRUPPE THEN
           CASE NAME OF
             AUDI     : WRITE('AUDI ');
             MERCEDES: WRITE('MERCEDES ');
             CITROEN : WRITE('CITROEN ');
             FORD     : WRITE('FORD ');
             OPEL     : WRITE('OPEL ');
             VW       : WRITE('VW ');
             PEUGEOT : WRITE('PEUGEOT ');
             FIAT     : WRITE('FIAT ');
             BMW      : WRITE('BMW ');
             GM       : WRITE('GM ');
             LEYLAND : WRITE('LEYLAND ')
           END;
           IF NAME <> VW THEN NAME:=SUCC(NAME)
                        ELSE FERTIG:=TRUE;
         UNTIL FERTIG;
         WRITELN;
       END;

     BEGIN
       KLEINWAGEN   := [AUDI,OPEL,FORD,FIAT,CITROEN,LEYLAND,VW];
       WRITE('KLEINWAGEN STELLEN HER       : '); DRUCKE(KLEINWAGEN);
       MITTELKLASSE:= [AUDI,OPEL,FORD,FIAT,PEUGEOT,CITROEN,BMW];
       WRITE('MITTELKLASSEWAGEN STELLEN HER: '); DRUCKE(MITTELKLASSE);
       LUXUS       := [MERCEDES,BMW,GM];
       WRITE('LUXUSWAGEN STELLEN HER       : '); DRUCKE(LUXUS);
       DEUTSCH     := [AUDI,OPEL,FORD,MERCEDES,BMW,VW];
       WRITE('DEUTSCHE AUTOHERSTELLER      : '); DRUCKE(DEUTSCH);
     END.
```

```
KLEINWAGEN STELLEN HER        : AUDI OPEL FORD FIAT CITROEN LEYLAND VW
MITTELKLASSEWAGEN STELLEN HER: AUDI OPEL FORD FIAT BMW PEUGEOT CITROEN
LUXUSWAGEN STELLEN HER        : MERCEDES BMW GM
DEUTSCHE AUTOHERSTELLER       : AUDI OPEL FORD MERCEDES BMW VW
```

Zu Beispiel 11.1 (Seite 70)

```
     PROGRAM GEHALT(INPUT,OUTPUT);
       TYPE
         STRING10 = ARRAY (.1..10.) OF CHAR;
         PERSON   = RECORD
                       NAME     : STRING10;
                       GESCHL   : (M,W);
                       VERH     : BOOLEAN;
                       ALTER    : INTEGER;
                       GEH,ABZ : REAL;
                    END;
```

```pascal
VAR
    PERS : PERSON;
    NR   : INTEGER;

PROCEDURE EINGABE(VAR P : PERSON);
    VAR
        H,J : INTEGER;
        CH  : CHAR;
    BEGIN
        READ(CH);
        IF NOT EOF THEN
        BEGIN
            P.NAME(.1.) := CH;
            FOR J := 2 TO 10 DO
            BEGIN
                READ(CH); P.NAME(.J.) := CH;
            END;
            READ(H); IF H = 1 THEN P.GESCHL := M
                             ELSE P.GESCHL := W;
            READ(H); IF H = 0 THEN P.VERH := FALSE
                             ELSE P.VERH := TRUE;
            READ(P.ALTER); READ(P.GEH); READ(P.ABZ);
            READLN;
        END;
    END;

PROCEDURE AUSGABE(P : PERSON);
VAR J : INTEGER;
BEGIN
    WITH P DO
    BEGIN
        FOR J := 1 TO 10 DO
            WRITE(NAME(.J.));
        WRITELN;
        IF GESCHL = M THEN WRITE('MAENNLICH')
                      ELSE WRITE('WEIBLICH');
        WRITELN;
        IF VERH THEN
            BEGIN
                WRITE('VERHEIRATET');
                WRITELN;
            END;
        WRITE(ALTER); WRITELN;
        WRITE(GEH); WRITE(ABZ); WRITELN;
    END;
END;

BEGIN
    EINGABE(PERS);
    WHILE NOT EOF DO
    BEGIN
        AUSGABE(PERS);
        EINGABE(PERS);
    END;
END.
```

Die Abfrage auf das Ende der Datei (EOF) ist erforderlich, da erst mit einer READ-Anweisung das Dateiende erkannt wird (vgl. Seite 110)

Ausgabe der (interpretierten) Eingabedaten.

Zu Aufgabe 11.1 (Seite 75)

1) Durch Eingabe der Ziffern 0 oder 1 (Variable WAHL) wird gesteuert, in welcher Richtung die Umwandlung erfolgen soll (Kartesisch→Polar oder Polar→Kartesisch)

2) Bei Polarkoordinaten wird der Winkel im Gradmaß eingegeben, intern aber in das Bogenmaß umgerechnet und in der Variablen KOORDINATE.WINKEL abgespeichert.

```pascal
PROGRAM UMWANDLUNG  (INPUT,OUTPUT);        USES TRANSCEND;
  CONST
    PI          = 3.141593;
  TYPE
    KOORTYP     = RECORD
                       X,Y,R,WINKEL : REAL
                  END;
  VAR
    KOORDINATE : KOORTYP;
    WAHL       : 0..1;

BEGIN
  WRITE ('KART->POL/POL->KART (0/1):');
  READLN(WAHL);
  CASE WAHL OF
    0: WITH KOORDINATE DO
       BEGIN
         WRITE('X,Y                        :'); READLN(X,Y);
         R:=SQRT(X*X+Y*Y);
         IF X <> 0 THEN
           WINKEL:= ATAN(Y/X)*180/PI
         ELSE
           IF Y > 0 THEN
             WINKEL:= PI/2
           ELSE
             WINKEL:= PI*3/2;
         WRITE('R =',R,' WINKEL =',WINKEL); WRITELN;
       END;
    1: WITH KOORDINATE DO
       BEGIN
         WRITE('R,WINKEL                   :'); READLN(R,WINKEL);
         WINKEL:= WINKEL*PI/180;
         X:= R*COS(WINKEL); Y:= R*SIN(WINKEL);
         WRITE('X =',X,' Y =',Y); WRITELN;
       END;
  END;
END.
```

```
KART->POL/POL->KART (0/1): 1
R,WINKEL                   : 1.41421 45        ◄──────── interaktiv eingegebene Werte
X = 9.99997E-1  Y = 9.99997E-1
```

Beispiel 12.1 (Seite 83)

Die angegebene Programmlösung ist in Unterprogramme gegliedert. Die Eingabe erfolgt
in der Prozedur VERARBEITUNG. - Die Zuordnung der externen Datei UMSATZ.DATA erfolgt nicht in der PROGRAM-Anweisung (wie es dem Standard entspräche), sondern in
der erweiterten RESET-Anweisung. Ebenfalls nicht zum Sprachstandard gehört die
letzte Anweisung

    CLOSE(E,LOCK);

die ein Schließen der Datei UMSATZ.DATA bewirkt, die der Dateivariablen E zugeordnet wurde.

```pascal
PROGRAM UMSATZSTATISTIK (INPUT,OUTPUT);
  CONST
    SPMAX = 5;
  TYPE
    UMS   = ARRAY[1..SPMAX] OF INTEGER;
    EIN   = FILE OF UMS;
  VAR
    E     : EIN;
    U     : UMS;

  PROCEDURE VERARBEITUNG(VAR E : EIN; VAR U : UMS);
    VAR
      SP : INTEGER;
  BEGIN
    FOR SP:=1 TO SPMAX DO
      U[SP]:= O;
    RESET(E,'UMSATZ.DATA');
    WHILE NOT EOF(E) DO
    BEGIN
      FOR SP:=1 TO SPMAX DO
        U[SP]:=U[SP] + E^[SP];
      GET(E);
    END;
  END;

  PROCEDURE AUSGABE(U : UMS);
    VAR
      SP : INTEGER;
  BEGIN
    WRITE('UMSAETZE PRO SPARTE'); WRITELN;
    FOR SP:= 1 TO SPMAX DO
    BEGIN
      WRITE(SP:3,' ',U[SP]); WRITELN;
    END;
  END;

BEGIN
  VERARBEITUNG(E,U);
  AUSGABE(U);
  CLOSE(E,LOCK);
END.
```

Die Datei UMSATZ.DATA enthält folgende (binär gespeicherten) Daten:

Sparte:	1	2	3	4	5
	312	616	118	297	386
	862	267	607	288	658
	337	540	905	273	643
	86	696	795	606	187
	779	907	579	47	681
	721	893	379	130	135
	862	620	9	179	202
	468	94	706	754	323
	615	628	275	513	454
	988	223	729	20	821

Vom Programm wird ausgedruckt:

```
UMSAETZE PRO SPARTE
  1 6030
  2 5484
  3 5102
  4 3107
  5 4490
```

Zu Aufgabe 12.1 (Seite 85)

```
PROGRAM ERWEITERN (INPUT,OUTPUT,P);
   TYPE
      STRING10 = ARRAY(.1..10.) OF CHAR;
      PERSON   = RECORD
                    NAME   : STRING10;
                    GESCHL : (M,W);
                    VERH   : BOOLEAN;
                    ALTER  : INTEGER;
                    GEH,ABZ : REAL;
                 END;
      PDAT     = FILE OF PERSON;
   VAR PERS : PERSON;
       P    : PDAT;

   PROCEDURE EINGABE(VAR PERS : PERSON);
      VAR K : INTEGER;
          CH : CHAR;
      BEGIN
         READ(CH);
         IF NOT EOF THEN
         BEGIN
            PERS.NAME(.1.) := CH;
            FOR K := 2 TO 10 DO READ(PERS.NAME(.K.));
            READ(CH);
            CASE CH OF
               'M' : PERS.GESCHL := M;
               'W' : PERS.GESCHL := W;
            END;
            READ(K);
            IF K = 0 THEN PERS.VERH := FALSE
                     ELSE PERS.VERH := TRUE;
            READ(PERS.ALTER);
            READ(PERS.GEH); READ(PERS.ABZ);
            READLN;
         END;
      END;

BEGIN
   RESET(P);
   WHILE NOT EOF(P) DO
      GET(P);
   EINGABE(PERS);
   WHILE NOT EOF DO
   BEGIN
      Pa := PERS;
      PUT(P);
      EINGABE(PERS);
   END;
END.
```

Die Zeichen (. und .) werden an Stelle der eckigen Klammern benutzt, vgl. Seite 149

Prozedur zum Lesen der neuen Daten von der Standardeingabe z.B. Lochkarte

Die Abfrage auf das Dateiende (EOF) ist erforderlich, da erst mit einer READ-Anweisung das Dateiende erkannt wird

"Vorsetzen" der Datei P

Einlesen der neuen Daten und Ausgeben in die Datei P (Das Zeichen a wird an Stelle von ↑ benutzt, vgl. Seite 149)

Eingabe-Daten

Die Daten ausgeschiedener Mitarbeiter kann man in der (sequentiellen) Datei P nicht löschen. Hierzu kann man so vorgehen, daß man alle Daten der Datei P in eine neu anzulegende Datei P1 kopiert und dabei die zu löschenden Daten ausläßt. Dieses Vorgehen hat den Vorteil, daß versehentlich gelöschte Daten rekonstruiert werden können, solange man die alte Datei P nicht insgesamt gelöscht hat. -

In dem Kopierprogramm müssen die auszulassenden Daten eindeutig identifizierbar
sein, d.h. es muß der Name oder eine "Personalnummer" angegeben werden. Die Namen
oder Personalnummern der zu löschenden Daten müssen in derselben Reihenfolge vorliegen, wie sie in der Datei P gegeben sind, da ein Zurücksetzen auf bereits ge-
lesene Daten nicht möglich ist.

Bei den sogenannten Direktzugriffsdateien, die von einigen PASCAL-Compilern
unterstützt werden, ist das Löschen[+] oder Verändern einzelner Daten möglich. Man
muß sich allerdings darüber im Klaren sein, daß die Sicherheit gegen den Verlust
von Daten nicht so groß ist wie bei dem oben beschriebenen Weg. Man sollte sich
deshalb in regelmäßigen Abständen Sicherheitskopien von der zu verändernden Datei
anlegen und zusätzlich alle Veränderungen protokollieren (eventuell: zusätzliche
Veränderungsdatei anlegen).

Wir wollen die Anweisungen aufführen, wie sie zum Umgang mit einer Direktzu-
griffsdatei erforderlich sind, wobei wir nochmals betonen, daß die Anweisungen
nicht zum Standard-Sprachumfang von PASCAL gehören.

Die Datei wird wie bisher beschrieben deklariert (d.h. so, als ob sie eine
sequentielle Datei wäre):

```
TYPE datei = FILE OF Typ;
VAR  d      : datei;
```

Im nachfolgenden Verarbeitungsteil wird die Datei d durch

```
REWRITE(d,...);          für das Beschreiben der Datei oder
RESET(d,...);            für das Lesen
```

vorbereitet. Anschließend wäre ein sequentielles Beschreiben oder Lesen - wie bisher
dargestellt - möglich.

Durch die Anweisung

```
SEEK(d,p); GET(d);
```

wird der Puffer d↑ der Datei mit dem Satz gefüllt, der in der Position p in der
zugeordneten Datei steht.

Durch

```
d↑ := ...; SEEK(d,p); PUT(d);
```

wird der Inhalt des Puffers d↑ an die Position p in der zugeordneten Datei übertragen. Man beachte:

1) Zu jeder GET- bzw. PUT-Anweisung gehört eine SEEK-Anweisung.

2) Die Position p beginnt mit der Satz-Nummer 0.

Wegen eines Anwendungsbeispiels siehe Seite 145.

[+] In der Praxis sollte man die Daten nie tatsächlich löschen, also vollständig
überschreiben, sondern auf einem zugehörigen Speicherplatz in der Datei einen
Vermerk eintragen, daß die Daten als gelöscht zu behandeln sind. So kann man
eine versehentliche "Löschung" noch rückgängig machen.

Zu Aufgabe 13.1 (Seite 86)

```
PROGRAM SORT(INPUT,OUTPUT);
   TYPE WERTE = ARRAY(.1..100.) OF INTEGER;
        INDEX = ARRAY(.1..100.) OF INTEGER;
   VAR N,NMAX : INTEGER;
       W         : WERTE;
       P         : INDEX;

   PROCEDURE SUCH(VAR ZEIG : INTEGER; NMAX,WNEU : INTEGER; W : WERTE;
                      P : INDEX);
      LABEL 1;
      VAR J : INTEGER;
   BEGIN
      FOR J := 1 TO NMAX DO
         IF WNEU < W(.P(.J.).) THEN GOTO 1;
      J := NMAX+1;
1:    ZEIG := J;
   END;

   PROCEDURE SPREIZ(ZEIG : INTEGER; VAR NMAX : INTEGER;
                      VAR P : INDEX);
      VAR J : INTEGER;
   BEGIN
      NMAX := NMAX+1;
      FOR J := NMAX DOWNTO ZEIG+1 DO
         P(.J.) := P(.J-1.);
   END;

   PROCEDURE AUSGABE(NMAX:INTEGER; W : WERTE; P : INDEX);
      VAR J : INTEGER;
   BEGIN
      FOR J := 1 TO NMAX DO
         WRITE(W(.P(.J.).));
      WRITELN;
   END;

BEGIN
   NMAX := 0;
   READ(W(.1.)); READLN;
   WHILE (NOT EOF) AND (NMAX < 100) DO
   BEGIN
      WRITE(W(.NMAX+1.)); WRITELN;
      SUCH(N,NMAX,W(.NMAX+1.),W,P);
      SPREIZ(N,NMAX,P);
      P(.N.) := NMAX;
      READ(W(.NMAX+1.)); READLN;
   END;
   AUSGABE(NMAX,W,P);
END.
```

Die Zeile `IF WNEU < W(.P(.J.).) THEN GOTO 1;` ist durch einen Pfeil markiert: ←————— | +) s.u.

```
2 ⎤
5 ⎥
4 ⎥ eingegebene Werte
9 ⎥
1 ⎦
1        2        4        5        9
```

⁺⁾Nach neueren Diskussionen gelten Sprünge im Programm als verpönt. Man versucht
sie durch zusätzliche Boolesche Variable zu vermeiden (vgl. Variable DONE,
Lösung zu Aufgabe 9.4, Seite 122). Dies trägt jedoch nicht zur Übersichtlichkeit
der Programme bei. Besser ist die PASCAL-Erweiterung EXIT(SUCH); der ein Sprung
an das Ende des Unterprogramms SUCH entspricht (siehe auch Seite 136).

Zu Beispiel 13.1 (Seite 87)

```
PROGRAM POINTERSORT (INPUT,OUTPUT);
  TYPE
    ZEIGER          = ^EINHEIT;
    EINHEIT         = RECORD
                        NACHF : ZEIGER;
                        W     : INTEGER
                      END;
  VAR
    START,NEU,
    ZEIGA,ZEIGB : ZEIGER;

  PROCEDURE SUCH(START : ZEIGER; VAR ZEIGA,ZEIGB : ZEIGER;
                 WNEU  : INTEGER);
  BEGIN
    ZEIGA:= START; ZEIGB:= START;
    IF WNEU < ZEIGA^.W THEN
      EXIT (SUCH);
    ZEIGB:= ZEIGB^.NACHF;
    WHILE ZEIGB <> NIL DO
    BEGIN
      IF WNEU < ZEIGB^.W THEN
        EXIT (SUCH);
      ZEIGA:= ZEIGB; ZEIGB:= ZEIGB^.NACHF;
    END;
  END;

  PROCEDURE EINFUEGEN (VAR START : ZEIGER; ZEIGA,ZEIGB,NEU : ZEIGER);
  BEGIN
    NEU^.NACHF:= ZEIGB;
    IF ZEIGB = START THEN
      START:= NEU
    ELSE
      ZEIGA^.NACHF:= NEU;
  END;

  PROCEDURE AUSGABE( START : ZEIGER);
    VAR
      HILF : ZEIGER;
  BEGIN
    WRITELN;
    WRITE('AUSGABE SORTIERT '); WRITELN;HILF:= START;
    WHILE HILF <> NIL DO
    BEGIN
      WRITE(HILF^.W:6);
      HILF:= HILF^.NACHF;
    END;
  END;

BEGIN
  NEW(START);
  WRITE('EINGABE');        WRITELN;
  READ (START^.W);         READLN;
  START^.NACHF:= NIL;
  WHILE NOT EOF DO
  BEGIN
    NEW(NEU);
    READ(NEU^.W);          READLN;
    NEU^.NACHF:=NIL;
    SUCH      (START,ZEIGA,ZEIGB,NEU^.W);
    EINFUEGEN(START,ZEIGA,ZEIGB,NEU   );
  END;
  AUSGABE(START);
END.
```

Anmerkungen am Rand:

- Das Zeichen ^ wird an Stelle des Zeichens ↑ benutzt, vgl. Seite 149

- Die Prozeduraufrufe EXIT(programme); gehören nicht zum Sprachumfang von PASCAL; sie sind eine Erweiterung im UCSD-System (vgl.Fußnote Seite 135)

- Gegenüber dem Beispiel 13.1 auf Seite 87 sind folgende Änderungen in diesem Programm gegeben:
  1) Hier ist der letzte Parameter von SUCH als INTEGER-Variable vorgesehen, daher der Aufruf SUCH (...,NEU↑.W);
  2) Innerhalb der WHILE-Schleife des Verarbeitungsteils wird erst der neue Wert eingelesen und dann verarbeitet; es ist deshalb das Ende der Eingabe unmittelbar nach der letzten Ziffer durch die EOF-Taste einzugeben (vgl. Seite 111).

<u>Alternative Lösung zu Beispiel 13.1</u> (Seite 87) - mit Elementen der Sprache SIMULA 67

In der Programmiersprache SIMULA 67 besitzt eine Liste folgende Struktur:

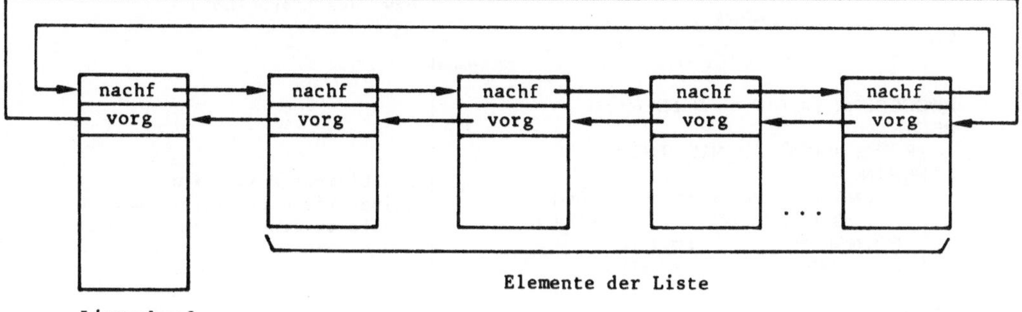

Der Listenkopf und die Elemente der Liste sind dabei Inkarnationen von vorgegebenen oder benutzereigenen Klassen. Nun kann man zwar einige Aspekte des in SIMULA gegebenen Klassenkonzepts auf RECORDs in PASCAL übertragen, aber die volle Klarheit von SIMULA läßt sich dabei nicht erreichen. Wir meinen aber, daß die angegebenen Unterprogramme dem PASCAL-Programmierer eine zusätzliche Hilfestellung bei der Listenverarbeitung geben können. Wir führen deshalb alle auf Seite 91 aufgezählten Prozeduren an, auch wenn wir sie zur Lösung der Beispielaufgabe nicht benötigen.

Auf folgende Punkte wollen wir noch besonders hinweisen:

1) In SIMULA sind die Verweisvariablen nachf und vorg in einer Oberklasse vorgegeben, brauchen also nicht deklariert zu werden; im PASCAL-Programm müssen sie - wie im nachfolgenden Hauptprogramm geschehen - als Variable mit dem Typ ZEIGER vereinbart werden.

2) In SIMULA wird zwischen dem Listenkopf und den Elementen der Liste unterschieden: Dem Listenkopf sind alle Prozeduren (FIRST,LAST,EMPTY,CARDINAL,CLEAR) zugeordnet, die die Liste unmittelbar betreffen, den Elementen der Liste die übrigen Prozeduren (OUT,PRED,SUC,FOLLOW,PRECEDE,INTO). In PASCAL ist diese Unterscheidung nicht möglich; der Listenkopf ist von uns willkürlich als das 0. Element der Liste festgelegt. Wir haben ihm den Namen Q (von queue = Schlange) gegeben, und wir greifen auf den Verbund Q nur zu, um ihn als Listenkopf zu verwenden.
Für die Elemente der Liste verwenden wir im Programm die Namen P und X.

3) In SIMULA werden alle Variable bei ihrer Deklaration mit einem definierten Anfangswert versehen. Da dies in PASCAL nicht geschieht, wir es aber aus Sicherheitsgründen für die Verweisvariablen nachf und vorg für erforderlich halten, haben wir die Prozedur INIT für die Schaffung eines neuen Verbundes (für Elemente der Liste) und die Initialisierung seiner Verweisvariablen angegeben, und INITKOPF für die Schaffung eines neuen Listenkopfs.

```
PROGRAM SIMZEIGER (INPUT,OUTPUT);
  TYPE
    ZEIGER    = ^EINHEIT;
    EINHEIT   = RECORD
                       W          : INTEGER;
                     NACHF,VORG : ZEIGER;
                   END;
  VAR
    Q,P        : ZEIGER;
```

Vereinbarung des Typs für die Elemente der Liste (Variable P) bzw. des Listenkopfs (Variable Q

```
PROCEDURE OUT(P : ZEIGER);
BEGIN
  IF P^.NACHF <> NIL THEN
  BEGIN
    P^.NACHF^.VORG := P^.VORG;
    P^.VORG^.NACHF := P^.NACHF;
    P^.NACHF        := NIL;
    P^.VORG         := NIL;
  END;
END;
```

Das Element P wird aus seiner Liste herausgenommen (falls es einer Liste angehört).

```
PROCEDURE FOLLOW(P,X : ZEIGER);
BEGIN
  OUT(P);
  IF X <> NIL THEN
  BEGIN
    IF X^.NACHF <> NIL THEN
    BEGIN
      P^.VORG          := X;
      P^.NACHF         := X^.NACHF;
      X^.NACHF         := P;
      P^.NACHF^.VORG:= P;
    END;
  END;
END;
```

Der Verbund P wird hinter dem Element X in eine Liste eingefügt; gehört X keiner Liste an, ist der Prozeduraufruf wirkungslos.

```
PROCEDURE PRECEDE(P,X : ZEIGER);
BEGIN
  OUT(P);
  IF X <> NIL THEN
  BEGIN
    IF X^.VORG  <> NIL THEN
    BEGIN
      P^.NACHF         := X;
      P^.VORG          := X^.VORG;
      X^.VORG          := P;
      P^.VORG^.NACHF:= P;
    END;
  END;
END;
```

Der Verbund P wird vor dem Element X in eine Liste eingefügt; gehört X keiner Liste an, ist der Prozeduraufruf wirkungs· los.

```
PROCEDURE INTO(P,Q : ZEIGER);
BEGIN
  PRECEDE(P,Q);
END;
```

Der Verbund P wird als neues Element am Ende der Liste Q angefügt.

```
FUNCTION FIRST(Q : ZEIGER) : ZEIGER;
  VAR
    X : ZEIGER;
BEGIN
  X:= Q^.NACHF;
  IF X = Q THEN
    FIRST:= NIL
  ELSE
    FIRST:= X;
END;
```

FIRST verweist auf das erste Element der Liste Q, wenn diese nicht leer ist.

```
FUNCTION LAST(Q : ZEIGER) : ZEIGER;
  VAR
    X : ZEIGER;
BEGIN
  X:= Q^.VORG;
  IF X = Q THEN
    LAST:= NIL
  ELSE
    LAST:= X;
END;
```

LAST verweist auf das letzte
Element der Liste Q, wenn
diese nicht leer ist.

```
FUNCTION SUC(P,Q : ZEIGER) : ZEIGER;
  VAR
    X : ZEIGER;
BEGIN
  X:= P^.NACHF;
  IF X = Q THEN
    SUC:= NIL
  ELSE
    SUC:= X;
END;
```

SUC verweist auf den Nachfolger
von P, falls P nicht das letzte
Element der Liste Q ist.

```
FUNCTION PRE(P,Q : ZEIGER) : ZEIGER;
  VAR
    X : ZEIGER;
BEGIN
  X:= P^.VORG;
  IF X = Q THEN
    PRE:= NIL
  ELSE
    PRE:= X;
END;
```

PRE verweist auf den Vorgänger
von P, falls P nicht das erste
Element der Liste Q ist.
(Der Name PRE wurde gewählt,
da PRED bereits belegt ist,
vgl. Seite 150).

```
FUNCTION EMPTY(Q : ZEIGER) : BOOLEAN;
BEGIN
  EMPTY:= FIRST(Q) = NIL;
END;
```

EMPTY hat den Wert TRUE, falls
die Liste Q leer ist und sonst
den Wert FALSE

```
FUNCTION CARDINAL(Q : ZEIGER) : INTEGER;
  VAR
    I : INTEGER;
    X : ZEIGER;
BEGIN
  I:= O;
  X:= FIRST(Q);
  WHILE X <> NIL DO
  BEGIN
    I:= I + 1;
    X:= SUC(X,Q);
  END;
  CARDINAL:= I;
END;
```

CARDINAL liefert die Anzahl
der Elemente der Liste Q.

```
PROCEDURE CLEAR(Q : ZEIGER);
  VAR
    X : ZEIGER;
BEGIN
  X:= FIRST(Q);
  WHILE X <> NIL DO
  BEGIN
    OUT(X);
    X:= FIRST(Q);
  END;
  Q^.NACHF := Q;
  Q^.VORG  := Q;
END;
```

Es werden alle Elemente aus
der Liste Q entfernt.

```
PROCEDURE INITKOPF(VAR Q : ZEIGER);
BEGIN
  NEW(Q);
  Q^.NACHF := Q;
  Q^.VORG  := Q;
END;
```

Es wird ein neuer Listenkopf
geschaffen (Liste Q).

```
PROCEDURE INIT(VAR P : ZEIGER);
BEGIN
  NEW(P);
  P^.NACHF := NIL;
  P^.VORG  := NIL;
END;
```

Es wird ein neuer Verbund P
geschaffen.

```
PROCEDURE SUCH(P,Q : ZEIGER);
  LABEL 1;
  VAR
    ZEIG : ZEIGER;
BEGIN
  ZEIG:= FIRST(Q);
  WHILE ZEIG <> NIL DO
  BEGIN
    IF P^.W > ZEIG^.W THEN
      ZEIG:= SUC(ZEIG,Q)
    ELSE
    BEGIN
      PRECEDE(P,ZEIG);
      GOTO 1;
    END;
  END;
  INTO(P,Q);
1:
END;
```

Die Prozeduren SUCH und AUSGABE
sowie der Verarbeitungsteil
des Programms greifen z.T. auf
die zuvor beschriebenen Unterprogramme zur Listenver-
arbeitung zurück.

```
PROCEDURE AUSGABE(Q : ZEIGER);
  VAR
    ZEIG : ZEIGER;
BEGIN
  ZEIG:= FIRST(Q);
  WHILE ZEIG <> NIL DO
  BEGIN
    WRITE(ZEIG^.W,' ');
    ZEIG:= SUC(ZEIG,Q);
  END;
  WRITELN;
END;

BEGIN
  INITKOPF(Q); INIT(P);
  WRITE('EINGABE LISTE:'); READ(P^.W);
  WHILE NOT EOF DO
  BEGIN
    SUCH(P,Q);
    INIT(P);
    READ(P^.W);
  END;
  WRITELN;
  WRITE('AUSGABE LISTE:');
  AUSGABE(Q);
END.

EINGABE LISTE:5 4 9 1⌴█
AUSGABE LISTE:1 4 5 9
```

<u>Zu Aufgabe 13.1 (Seite 92)</u>

Man könnte zunächst daran denken, für die Gleise X, Y und Z Mengen (SETs) vorzusehen, die die Elemente A, B und C aufnehmen. Da in Mengen aber keine dynamisch
veränderbare Reihenfolge festgelegt werden kann, ist dieses Werkzeug untauglich.
Wir wählen stattdessen für die Gleise die zuvor beschriebenen Listen und schaffen
uns für die einzelnen Wagen Verbunde. Als weiteres Hilfsmittel verwenden wir die
in Beispiel 13.1 beschriebenen Prozeduren, die in der Programmiersprache SIMULA
standardmäßig bereitgestellt werden (vgl. Seite 137 ff). In der Lösung greifen
wir auf die Prozeduren FIRST, LAST, SUC, INTO und PRECEDE sowie die Prozeduren
zur Initialisierung (INIT und INITKOPF) zurück, die wir hier nicht nochmals
angeben.

```
PROGRAM RANGIEREN (INPUT,OUTPUT);
  TYPE
    ZEIGER      = ^EINHEIT;
    EINHEIT     = RECORD
                    WAGEN        : CHAR;
                    NACHF,VORG : ZEIGER;
                  END;
  VAR
    X,Y,Z,L,
    A,B,C       : ZEIGER;

    Prozeduren FIRST,LAST,PRECEDE,INTO und SUC
    INIT und INITKOPF wie auf Seite 138 ff angegeben.

  PROCEDURE ZIEHEN(X,Y : ZEIGER; N : INTEGER);
    VAR J :INTEGER;
  BEGIN
    FOR J:=1 TO N DO
      INTO(FIRST(X),Y);
  END;


  PROCEDURE SCHIEBEN(Y,Z : ZEIGER; N : INTEGER);
    VAR J : INTEGER;
  BEGIN
    FOR J:=1 TO N DO
      IF NOT EMPTY(Z) THEN
        PRECEDE(LAST(Y),FIRST(Z))
      ELSE
        INTO(LAST(Y),Z);
  END;


  PROCEDURE AUSGABE(X,Y,Z : ZEIGER);
    PROCEDURE ZEILE(GLEIS : ZEIGER; POS : INTEGER);
      VAR
        J,K : INTEGER;
        H   : ZEIGER;
      BEGIN
        FOR J:= 1 TO POS DO
          WRITE(' ');
        H:= FIRST(GLEIS); J:=1; WRITE('==');
        WHILE H <> NIL DO
        BEGIN
          J:= J+1; WRITE(H^.WAGEN,'=');
          H:= SUC(H,GLEIS);
        END;
        FOR K:= J TO 4 DO
          WRITE('==');
        WRITELN; WRITELN;
      END;
    BEGIN
      WRITELN;
      ZEILE(X,12); ZEILE(Y,2); ZEILE(Z,12);
    END;
```

Ziehen von n Wagen
(einschl. Lok) von
Gleis X nach Gleis Y

Schieben von n Wagen
(einschl. Lok) von
Gleis Y nach Gleis Z

```
BEGIN
  INITKOPF(X); INITKOPF(Y); INITKOPF(Z);
  INIT(A); A^.WAGEN:='A'; INTO(A,X);
  INIT(B); B^.WAGEN:='B'; INTO(B,X);
  INIT(C); C^.WAGEN:='C'; INTO(C,X);
  INIT(L); L^.WAGEN:='L'; INTO(L,Y);
  AUSGABE(X,Y,Z);
  WHILE NOT EMPTY(X) DO
  BEGIN
    SCHIEBEN(Y,X,1);        AUSGABE(X,Y,Z);
    ZIEHEN   (X,Y,2);       AUSGABE(X,Y,Z);
    SCHIEBEN(Y,Z,2);        AUSGABE(X,Y,Z);
    ZIEHEN   (Z,Y,1);       AUSGABE(X,Y,Z);
  END;
END.
```

```
    ==A=B=C===    |          ==L=A=B=C=    |          ==B=C=====

==L=======        |      =========         |      ==L=A=====

    =========     |          =========     |          =========
________________________________Z_________________________
                      =========  ]
        ==L=======               }  letzter  Rangier-
                                 ]           Vorgang
                      ==C=B=A===  ]
```

<u>Zu Aufgabe 13.2 (Seite 92)</u>

Wenn man den angegebenen Programmausschnitt um die notwendigen Ausgabeanweisungen erweitert und auf einer Rechenanlage ausführen läßt, erhält man
folgendes:

```
PROGRAM TEST (OUTPUT);
  TYPE
    VERBUND = RECORD
                CASE FALL : BOOLEAN OF
                   TRUE : (A,B : REAL);
                   FALSE: (X,Y : REAL)
              END;
  VAR
    V           : VERBUND;

BEGIN
  V.A:= 1;  V.B:= 3;  V.FALL:= FALSE;
  IF NOT V.FALL THEN
  BEGIN
    V.X:= (V.A + V.B)/2;
    V.Y:= (V.A * V.A + V.B * V.B)/2;
  END;
  WRITE('V.X= ',V.X); WRITELN;
  WRITE('V.Y= ',V.Y); WRITELN;
END.
  V.X=  2.00000
  V.Y=  6.50000
```

Offensichtlich ist der Wert für V.X richtig berechnet, während man für V.Y
auf Grund der Formel und auf Grund der Werte für a und b den Wert 5 erwartet.
Der falsche Wert von V.Y erklärt sich dadurch, daß sich die beiden "Zweige"
des RECORDs überlagern, d.h. die Variable A nimmt denselben Speicherplatz ein
wie die Variable X und ebenso die Variable B denselben Speicherplatz wie die
Variable Y. Auf Grund der Anweisung

```
V.X := (V.A+V.B)/2;
```

wird der gemeinsame Speicherplatz von V.X und V.A mit dem berechneten Wert
überschrieben (=2.0). Dieser Wert wird beim Aufruf des Speicherplatzes durch
die Variable V.A in der nächsten Zeile des Programms benutzt und nicht etwa
der frühere Wert von V.A (=1).

Offensichtlich könnte der Fehler erkannt und vermieden werden, wenn eine Zu-
griffskontrolle durchgeführt würde: Wenn die Variable V.FALL den Wert TRUE
besitzt, darf auf V.X und V.Y nicht zugegriffen werden, wenn sie den Wert FALSE
hat, nicht auf die Variablen V.A und V.B. Eine derartige Kontrolle findet nicht statt

Zu Aufgabe 13.3 (Seite 92)

```
PROGRAM ADRESSE (INPUT,OUTPUT);
   TYPE
     ZEIGER = ^EINHEIT;
     EINHEIT= RECORD
                   NACHF : ZEIGER;
                   WERT  : INTEGER
               END;
     VERBUND= RECORD
                 CASE FALL : BOOLEAN OF
                    TRUE : (P : ZEIGER);
                    FALSE: (ADR: INTEGER)
               END;
   VAR
     NEU      : ZEIGER;
     V        : VERBUND;
BEGIN
   NEW(NEU);
   V.FALL := TRUE; V.P:= NEU; V.FALL := FALSE;
   WRITE(V.ADR); WRITELN;
END.
```

(Der ausgegebene Wert ist von dem jeweiligen Compiler abhängig).

Die Zuweisung eines willkürlichen Wertes an die Variable V.ADR hat dann keinen
Sinn, wenn anschließend über V.P versucht wird, auf einen Verbund des Typs EINHEIT
zuzugreifen: In den meisten Fällen wird V.P nicht auf einen Verbund verweisen.

Zu Beispiel 14.1 (Seite 93)

```
PROGRAM TSCHEBYSCHEFF (INPUT,OUTPUT);
   CONST
     XMIN = -1; DX = 0.1; XMAX = 1;
   VAR
     X      : REAL;
     N      : INTEGER;

   FUNCTION T(N : INTEGER; X : REAL) : REAL;
   BEGIN
     IF N >= 2 THEN T:=2*X*T(N-1,X) - T(N-2,X) ELSE
        IF N = 1 THEN T:= X ELSE T:= 1;
   END;

BEGIN
   X:= XMIN; N:= 5;
   REPEAT
     WRITE('T(',N,',',X:5:2,')=',T(5,X)); WRITELN;
     X:= X + DX;
   UNTIL X > XMAX;
END.
```

```
T(5,-1.00)=-1.00000
T(5,-0.90)= 6.32160E-1
T(5,-0.80)= 9.97120E-1
T(5,-0.70)= 6.70880E-1
T(5,-0.60)= 7.58394E-2
T(5,-0.50)=-5.00000E-1


T(5, 0.30)= 9.98880E-1
T(5, 0.40)= 8.83840E-1
T(5, 0.50)= 5.00000E-1
T(5, 0.60)=-7.58406E-2
T(5, 0.70)=-6.70881E-1
T(5, 0.80)=-9.97120E-1
T(5, 0.90)=-6.32159E-1
```

(Der Wert für X = 1 wird nicht mehr ausgedruckt, da auf Grund von Rundungsfehlern X größer als XMAX geworden ist. Man könnte deshalb die REPEAT-Schleife begrenzen durch: UNTIL   X > XMAX + DX/2;)

<u>Zu Aufgabe 14.1 (Seite 94)</u>

Das Lösungsprogramm unterscheidet sich von dem Beispiel 14.1 nur in der Funktion T, die hier gesondert angegeben wird.

```
FUNCTION T(N : INTEGER; X : REAL) : REAL;
  VAR
    TO,T1,TJ : REAL;
    J          : INTEGER;
BEGIN
  TO:= 1; T1:= X;
  IF N = 0 THEN
    TJ:= TO
  ELSE
    TJ:= T1;
  FOR J:= 2 TO N DO
  BEGIN
    TJ:= 2*X*T1-TO;
    TO:= T1;
    T1:= TJ;
  END;
  T:= TJ;
END;
```

Das Programm liefert dieselben Ergebnisse wie Beispiel 14.1

<u>Zu Aufgabe 14.2 (Seite 95)</u>

Als Lösung geben wir ausnahmsweise nur die Prozedur an, die im "Hauptprogramm" durch QUICKSORT(A,1,N); aufgerufen wird. Dabei sind in dem Vektor die zu sortierenden Werte gespeichert und in N deren Anzahl. Um das Sortierverfahren einsichtiger zu machen, wird eine Prozedur AUSGABE aufgerufen, die den Verfahrensstand jeweils dokumentiert (Ausgabe von L und R, dem gewählten "Medianwert" MW sowie der Werte im behandelten Bereich).

Zusätzlich haben wir die alternative Prozedur QUICKSORT angegeben, die den Sortieralgorithmus auf der Diskette mit direktem Zugriff durchführt. Das entspricht zwar nicht dem Sprachstandard, ist aber auf vielen Kleinrechnern anwendbar und in der Praxis sicher hilfreich.

<table>
<tr><td>

Sortierung eines Vektors im Arbeitsspeicher

</td><td>

Sortierung auf der Diskette (Direkter Zugriff, nicht Standard-PASCAL)

</td></tr>
</table>

```
PROCEDURE QUICKSORT(VAR A : WERTE;
                    L,R : INTEGER);
   VAR
     I,J,MW,T : INTEGER;
BEGIN
  IF L < R THEN
  BEGIN
    I:= L; J:= R;
    MW:= A[(I + J) DIV 2];

    AUSGABE(A,MW,L,R);

    REPEAT
      WHILE A[I] < MW DO I:= I + 1;
      WHILE A[J] > MW DO J:= J - 1;
      IF I <= J THEN
      BEGIN

        IF I < J THEN
        BEGIN
          T:= A[I];
             A[I]:= A[J];
                 A[J]:= T;
          WRITE('   ':(9+I*3));
          WRITE(A[I]:3);
          WRITE('   ':(J-I-1)*3);
          WRITE(A[J]:3);
          WRITELN;
        END;

        I:= I + 1; J:= J - 1
      END
    UNTIL I > J;

    AUSGABE(A,MW,L,R);

    QUICKSORT(A, L, J);
    QUICKSORT(A, I, R);
  END;
END;
```

(Zur Dokumentation der Vertauschungen: der eingeklammerte WRITE-Block)

```
PROCEDURE QUICKSORT(VAR A : DATEI;
                    L,R   : INTEGER)
   VAR
     I,J,MW : INTEGER;
     T      : SATZ;
BEGIN
  IF L < R THEN
  BEGIN
    I:= L; J:= R;
    SEEK(A, ((I + J) DIV 2) - 1);
    GET(A);
    MW:= A^.KEY;
    REPEAT
      SEEK(A,I-1); GET(A);
      WHILE A^.KEY < MW  DO
      BEGIN
        I:= I +1;
        GET(A);
      END;
      SEEK(A,J-1); GET(A);
      WHILE A^.KEY > MW DO
      BEGIN
        J:= J -1;
        SEEK(A,J-1); GET(A);
      END;
      IF I <= J THEN
      BEGIN
        SEEK(A,I-1); GET(A);
        T:= A^;
        SEEK(A,J-1); GET(A);
        SEEK(A,I-1); PUT(A);
        A^:=T;
        SEEK(A,J-1); PUT(A);
        I:= I + 1;    J:= J - 1;
      END;
    UNTIL I > J;

    QUICKSORT(A, L, J);
    QUICKSORT(A, I, R);
  END
END;
```

```
 L  R  MW
 1 12 80 | 40 50 20 70 60 80 90 30 10 95 65 45   <——— Zu sortierende Werte

                     45 <——      ——> 80   ⎤ Vertauschungen
                     65              90   ⎦

 1 12 80 | 40 50 20 70 60 45 65 30 10 95 90 80   ⎤ Ausgabe durch die
                                                 ⎦ Prozedur AUSGABE
 1  9 60 | 40 50 20 70 60 45 65 30 10

                    10           70
                 30          60
 1  9 60 | 40 50 20 10 30 45 65 60 70


10 12 90 |                         95 90 80

                                   80    95
10 12 90 |                         80 90 95

         | 10 20 30 40 45 50 60 65 70 80 90 95   <——— sortierte Werte
```

Anhang

A Interne Zahlendarstellung

Die interne Speicherung von Zahlen (Typ INTEGER oder REAL) ist von Rechenanlage zu Rechenanlage verschieden. Es soll deshalb hier nur das Speicherungsprinzip mit den daraus resultierenden Konsequenzen dargestellt werden. Für weitergehende Einzelheiten sei auf die entsprechenden Maschinen-Handbücher verwiesen. (Die beschriebene Speicherung von Zahlen gilt für Rechenanlagen der Firmen CII, IBM, ICL (System 4), Rank Xerox und Siemens).

I. Ganze Zahlen (Typ INTEGER)

Jede ganze Zahl kann man als Dualzahl darstellen, z.B.

$$59_{dezimal} = \underline{1} \cdot 2^5 + \underline{1} \cdot 2^4 + \underline{1} \cdot 2^3 + \underline{0} \cdot 2^2 + \underline{1} \cdot 2^1 + \underline{1} \cdot 2^0$$
$$= 111011_{dual}$$

Die Ziffernfolge der Dualzahl wird rechtsbündig in dem Wort gespeichert:

Vorzeichen

| 0 | 000 0000 | 0000 0000 | 0000 0000 | 0011 1011 |

Bitposition 0   31

Da die Bit-Position 0 zur Verschlüsselung des Vorzeichens benötigt wird, kann man ganze Zahlen[+)]

$$\text{von } -2^{31} \text{ bis } 2^{31}-1$$

in einem Wort speichern ($2^{31} = 2\ 147\ 483\ 648 \sim 2 \cdot 10^9$).

II. Normalisierte Zahlen (Typ REAL)

Jede Zahl z, die von Null verschieden ist, kann man in der Form

$$z = b \cdot 10^e \qquad \frac{1}{10} < |b| < 1$$

normalisieren.

<u>Beispiel</u>

$$0,001273 = 0,1273 \cdot 10^{-2}$$

In der Rechenanlage werden Zahlen nicht zur Basis 10, sondern zur Basis 16 normalisiert:

$$0,001273_{Dez} = 0,00536D65..._{Hex} \sim 0,536D65_{Hex} \cdot 16^{-2}$$

es gilt also

$$z = b \cdot 16^e \quad \text{wobei jetzt } \frac{1}{16} < |b| < 1 \text{ ist.}$$

Man unterteilt das Wort zur Speicherung der Zahl in feste Bereiche

- für das Vorzeichen
- für den Exponenten e und
- für den Bruch b "Mantisse" (ohne Vorzeichen).

[+)]In Kleinrechnern wird die Verschlüsselung ganzer Zahlen in einem Wort von 16 Bits vorgenommen. Damit können die Werte betragsmäßig nur bis $2^{15}=32768$ reichen.

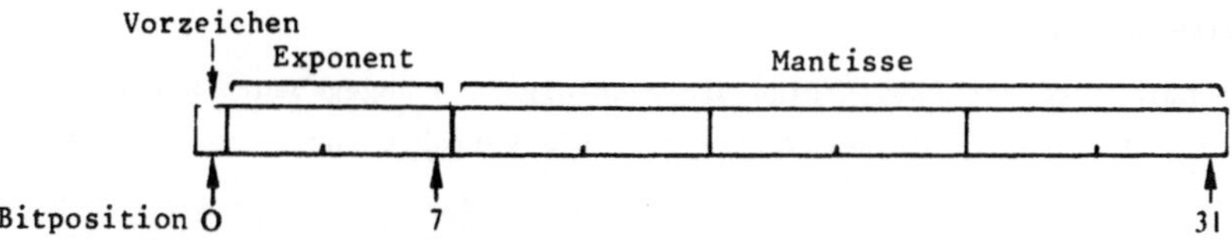

Um auch Zahlen mit negativem Exponenten verschlüsseln zu können, wird der (externe) Exponent um 64 erhöht und dieser Wert im Exponentenfeld rechtsbündig angegeben. Für den Wert 0,001273 erhält man also die interne Zahlendarstellung.[+]

Wenn man je 4 Dualziffern zu einer Hexadezimalziffer zusammenfaßt, so erhält man als Verschlüsselung der Zahl 0,001273 in einem Wort:

Man kann Zahlen darstellen, die betragsmäßig zwischen

$$\frac{1}{16} \cdot 16^{-64} \quad \text{und} \quad (1 - 16^{-6}) \cdot 16^{63}$$

liegen. Diesen Werten entsprechen etwa

$$0,54 \cdot 10^{-78} \quad \text{und} \quad 7,2 \cdot 10^{75}.$$

Die Zahl Null wird dadurch verschlüsselt, daß alle Bits auf Null gesetzt werden. Für jede Zahl z ($\neq$ 0), die normalisiert ist, gilt

$$z = b \cdot 16^e \quad \text{wobei } 0,1_{Hex} \leqslant |b| \leqslant 0,\text{FFFFFF}_{Hex} = 1-16^{-6} \text{ ist.}$$

Man erhält für die Differenz dz zweier unmittelbar benachbarter Werte

$$dz = 16^{-6} \cdot 16^e,$$

womit sich für den relativen Fehler $\frac{dz}{z}$ die Einschließung

$$16^{-5} = \frac{16^{-6} \cdot 16^e}{0,1_{Hex} \cdot 16^e} \; > \; \left|\frac{dz}{z}\right| \; > \; \frac{16^{-6} \cdot 16^e}{(1-16^{-6}) \cdot 16^e} \sim 16^{-6}$$

ergibt.

Der relative Fehler reicht also von 16^{-6} bis 16^{-5}, was etwa den Werten 10^{-7} bis 10^{-6} entspricht. Hieraus folgt: In der Rechenanlage werden bei der internen Zahlendarstellung vom Typ REAL nur 6 bis 7 Dezimalziffern korrekt wiedergegeben. Eine Abfrage auf einen relativen Fehler, der kleiner ist also 10^{-5}, ist damit in den meisten Fällen illusorisch.

[+] bis auf den oben angedeuteten Abbruchfehler

B Reservierte Wörter

Nach dem Sprachstandard von PASCAL sind die nachfolgenden angegebenen Wörter
reserviert; eine Deklaration dieser Wörter z.B. als Variable führt zum Abbruch
des Programms.

Wörter	siehe Seite	Bemerkungen
AND	24	Boolescher Operator (Und)
ARRAY	52	Deklaration von Feldern
BEGIN	2, 23	Beginn des Verarbeitungsteils; Beginn einer zusammengesetzten Anweisung
CASE	47, 73	Beginn einer Fallunterscheidung; Beginn eines varianten RECORDs
CONST	10	Beginn der Konstantenfestlegungen
DIV	7	Operator der INTEGER-Division
DO	26, 28	Schlüsselwort bei FOR- und WHILE-Schleife
DOWNTO	28	"Negative Schrittweite" bei FOR-Schleife
ELSE	24	Einleitung der Alternative
END	2,23,47,70	Ende von: Programm, zusammengesetzte Anweisung, CASE-Anweisung, RECORD-Vereinbarung
FILE	76	Deklaration einer Datei
FOR	28	FOR-Schleife
FUNCTION	11	Deklaration einer Funktion
GOTO	22	Sprunganweisung
IF	22, 24	bedingte Anweisung, Alternative
IN	65	Mengenrelation
LABEL	22	Deklaration einer Sprungadresse
MOD	7	Operator der Modulo-Funktion
NIL	89	Zeiger-Konstante
NOT	24	Boolescher Operator (Verneinung)
OF	47, 52, 64, 73	Schlüsselwort für CASE-Statement, Feld-, Mengen- und variante RECORD-Vereinbarung
OR	24	Boolescher Operator (Oder)
PACKED	61	Deklaration gepackter Größen
PROCEDURE	15	Deklaration einer Prozedur
PROGRAM	2	Beginn eines Programms ("Programm-Kopf")
RECORD	70	Deklaration eines Verbundes

Wörter	siehe Seite	Bemerkungen
REPEAT	29	Beginn einer Schleife
SET	64	Deklaration einer Menge
THEN	22,24	bedingte Anweisung, Alternative
TO	28	"positive Schrittweite" bei FOR-Schleife
TYPE	52	Beginn der Typ-Festlegungen
UNTIL	29	Ende der REPEAT-Schleife
VAR	4	Beginn der Variablen-Festlegungen
WHILE	26	WHILE-Schleife
WITH	73	Vereinfachung des Zugriffs auf RECORD-Komponenten

Neben den hier angegebenen Wörtern gibt es noch eine größere Zahl, die zwar nicht
reserviert sind, die man aber trotzdem nicht mit einer anderen Bedeutung verwenden
sollte. Hierzu zählen z.B. die Wörter

BOOLEAN	23	
CHAR	38	Festlegung von Grund-Typen
INTEGER	5	
REAL	4	
FALSE	24	Boolesche Konstanten
TRUE		
GE,GT,LE,LT,NE	(23)	Vergleichsoperatoren
FOREWARD	95	Spezifikation einer Funktion/Prozedur

C Substituierbare Zeichen

Im Sprachstandard PASCAL sind eine Reihe von Zeichen vorgesehen, die nicht auf
allen Rechenanlagen verfügbar sind. Man hat deshalb die folgenden alternativen
Zeichenkombinationen zugelassen:

Zeichen	alternative Zeichen	siehe Seite	Bemerkungen
;	.,	4,14	Trennungszeichen (z.B. Anweisungen)
:	%	22,30	Angabe von Marken (Label), Ausgabeanweisung
:=	.= oder %=	7	Zuweisungsanweisung
{ }	(* *)	106	Einfügen eines Kommentars in das Programm
[ ]	(. .)	52,63	Für Index von Feldern, für Mengenangaben
<	LT		
<=	LE		
>=	GE	23,40,65	Relationen zwischen arithmetischen Ausdrücke
>	GT		Zeichenausdrücken oder Mengen
<>	NE	90	zusätzlich: Zeigervariable
↑	@ oder	82,87	Dateivariable, Zeigervariable

D Vorgegebene Funktionen und Prozeduren

Name	Typ des Arg.	Erg.	siehe Seite	Aufruf	Bemerkungen
ABS	R I	R I	9	v:=ABS(x);	$\lvert x \rvert$
ARCTAN	R	R	9	v:=ARCTAN(x);	Umkehrfunktion zu tg(x)
CHR	I	C	39	v:=CHR(n);	liefert das der Zahl n zugeordnete Zeichen
COS	R	R	9	v:=COS(x);	cos x, x im Bogenmaß
DISPOSE	P P,...	–	91	DISPOSE(p); DISPOSE(p,...);	Freigabe eines (dyn.) Verbundes ~ mit variantem Teil
EOF	– D	B	45 79	v:=EOF; v:=EOF(d);	Abfrage auf Dateiende
EOLN	– D	B	45 79	v:=EOLN; v:=EOLN(d);	Abfrage auf Zeilenende
EXP	R	R	9	v:=EXP(x);	e^x
GET	D	–	82	GET(d);	Lesen einer Dateikomponente
LN	R	R	9	v:=LN(x);	ln x, Umkehrfunktion zu e^x
NEW	P P,...	–	89 91	NEW(p); NEW(p,...);	Schaffen eines (dyn) Verbundes ~ mit variantem Teil
ODD	I	B	–	v:=ODD(n);	prüft, ob Zahl n ungerade ist
ORD	C	I	39	v:=ORD(c);	Umkehrfunktion zu CHR(n)
PACK	siehe Beschr.		62	PACK(...);	Packen von Werten (in der Regel:Zeichen)
PAGE	– D	–	115	PAGE; PAGE(d);	Vorschub auf nächste Seite
PRED	A	A	68,104	v:=PRED(a);	Liefert den Vorgänger von a
PUT	D	–	85	PUT(d);	Schreiben einer Dateikomponente
READ	siehe Beschreibung			READ(v);	Eingabe von Daten
READLN	Seiten 41-47			READLN;	Positionierung hinter Zeilenmarkierung (Textfiles)
RESET	D	–	82	RESET(d);	Positioniert Datei d für Eingabe an den Anfang
REWRITE	D	–	84	REWRITE(d);	Positioniert Datei d für Ausgabe an den Anfang
ROUND	R	I	9	v:=ROUND(x);	"kaufmännisches" Runden einer Zahl x
SIN	R	R	9	v:=SIN(x);	sin x, x im Bogenmaß
SQR	R	R	9	v:=SQR(x);	x^2
SQRT	R	R	9	v:=SQRT(x)	$\sqrt{x}$
SUCC	A	A	68,104	v:=SUCC(a);	Liefert den Nachfolger von a
TRUNC	R	I	9	v:=TRUNC(x);	die zu O hin gerundete ganze Zahl
UNPACK	siehe Beschr.		62	UNPACK(...);	Entpacken von Werten (in der Regel: Zeichen)
WRITE	siehe Beschreibung			WRITE(v);	Ausgabe von Daten
WRITELN	Seiten 30-38			WRITELN;	Ausgabe einer Zeilenmarkierung (Textfiles)

E ASCII- und EBCDIC-Zeichensatz

ASCII-Zeichensatz

Beim ASCII-Zeichensatz[+)] besteht die Einheit zur Speicherung der Zeichen aus 7 Bits, die wir uns folgendermaßen angeordnet vorstellen:

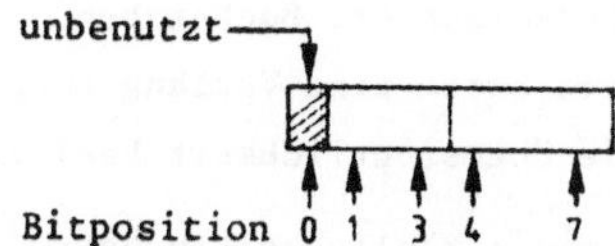

In den ersten beiden Zeilen der nachfolgenden Tabelle und an letzter Position werden Steuerinformationen für das Betriebssystem verschlüsselt. Diese "Zeichen" sind dem PASCAL-Programmierer nicht unmittelbar zugänglich.

Bitposition 1–3 \ 4–7	0	1	2	3	4	5	6	7	8	9	A	B	C	D	E	F
0	NUL	SOH	STX	ETX	EOT	ENQ	ACK	BEL	BS	HT	LF	VT	FF	CR	SO	SI
1	DLE	DC1	DC2	DC3	DC4	NAK	SYN	ETB	CAN	EM	SUB	ESC	FS	GS	RS	US
2	␣	!	"	#	$	%	&	´	(	)	*	+	,	-	.	/
3	0	1	2	3	4	5	6	7	8	9	:	;	<	=	>	?
4	@	A	B	C	D	E	F	G	H	I	J	K	L	M	N	O
5	P	Q	R	S	T	U	V	W	X	Y	Z	[	\	]	^	_
6	`	a	b	c	d	e	f	g	h	i	j	k	l	m	n	o
7	p	q	r	s	t	u	v	w	x	y	z	{	|	}	~	DEL

EBCDIC-Zeichensatz

Beim EBCDIC-Zeichensatz[++)] besteht die Einheit zur Speicherung der Zeichen aus 8 Bits, die wir uns in der oben angegebenen Anordnung vorstellen können.

Bitposition 0–3 \ 4–7	0	1	2	3	4	5	6	7	8	9	A	B	C	D	E	F
0																
1																
2																
3																
4	␣										¢	.	<	(	+	|
5	&										!	$	*	)	;	¬
6	-	/										,	%	_	>	?
7											:	#	@	'	=	"
8		a	b	c	d	e	f	g	h	i						
9		j	k	l	m	n	o	p	q	r						
A			s	t	u	v	w	x	y	z						
B																
C		A	B	C	D	E	F	G	H	I						
D		J	K	L	M	N	O	P	Q	R						
E			S	T	U	V	W	X	Y	Z						
F	0	1	2	3	4	5	6	7	8	9						

[+)] ASCII : American Standard Code of Information Interchange.

[+)] EBCDIC: Extended Binary Coded Decimal Interchange Code.

F Syntax-Diagramm

Wir haben darauf verzichtet, die Konstrukte der Programmiersprache PASCAL
auf die einzelnen "Sprachbausteine" wie Schlüsselwörter, Buchstaben,
Ziffern und Sonderzeichen zurückzuführen. Dies hätte eine Verlängerung des
Syntax-Diagramms bewirkt und gleichzeitig die Übersichtlichkeit beeinträchtigt.

Das Syntax-Diagramm soll einen Überblick über die Möglichkeiten der
Programmiersprache vermitteln, kann aber keinesfalls die Erläuterungen im
Text ersetzen.

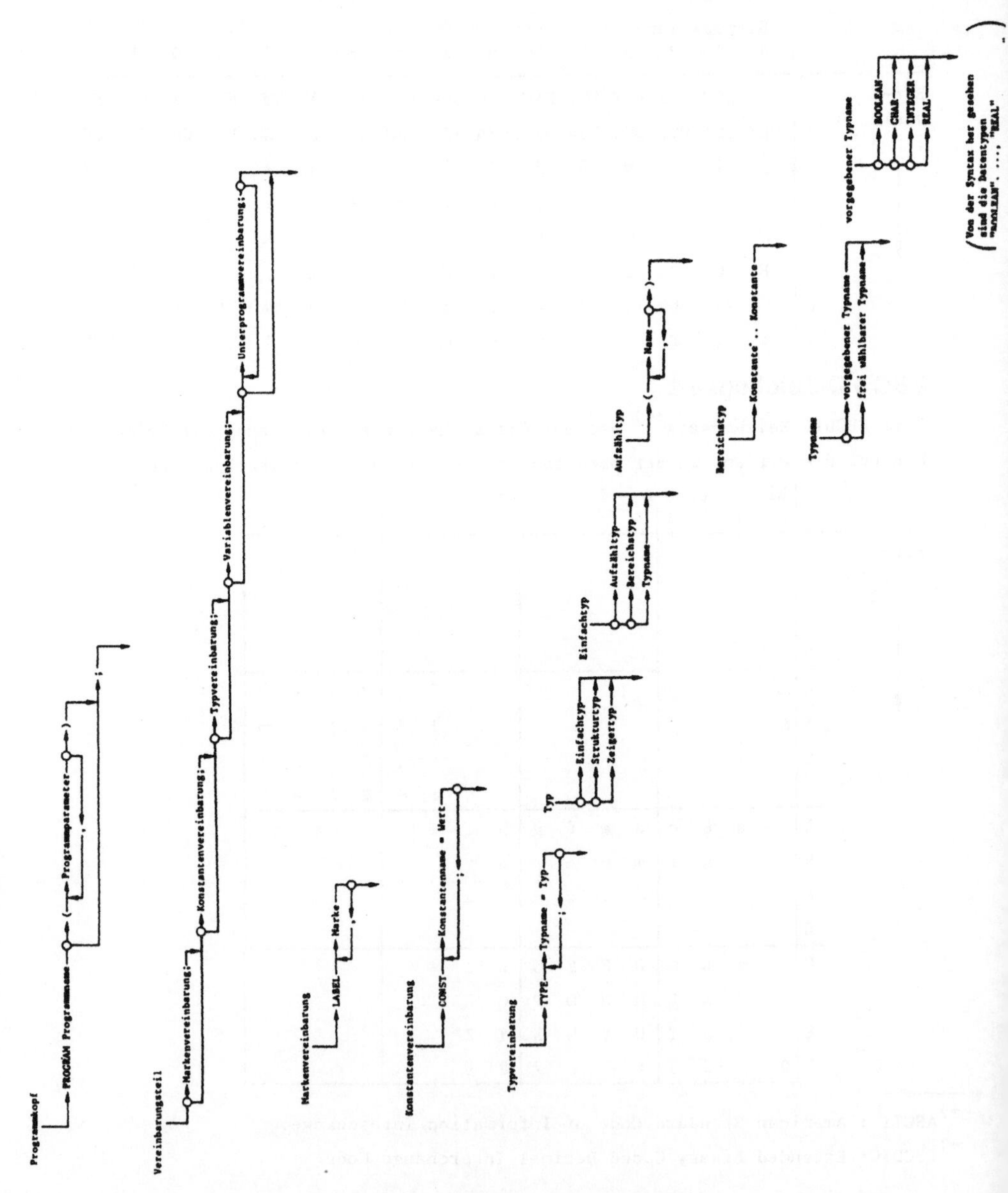

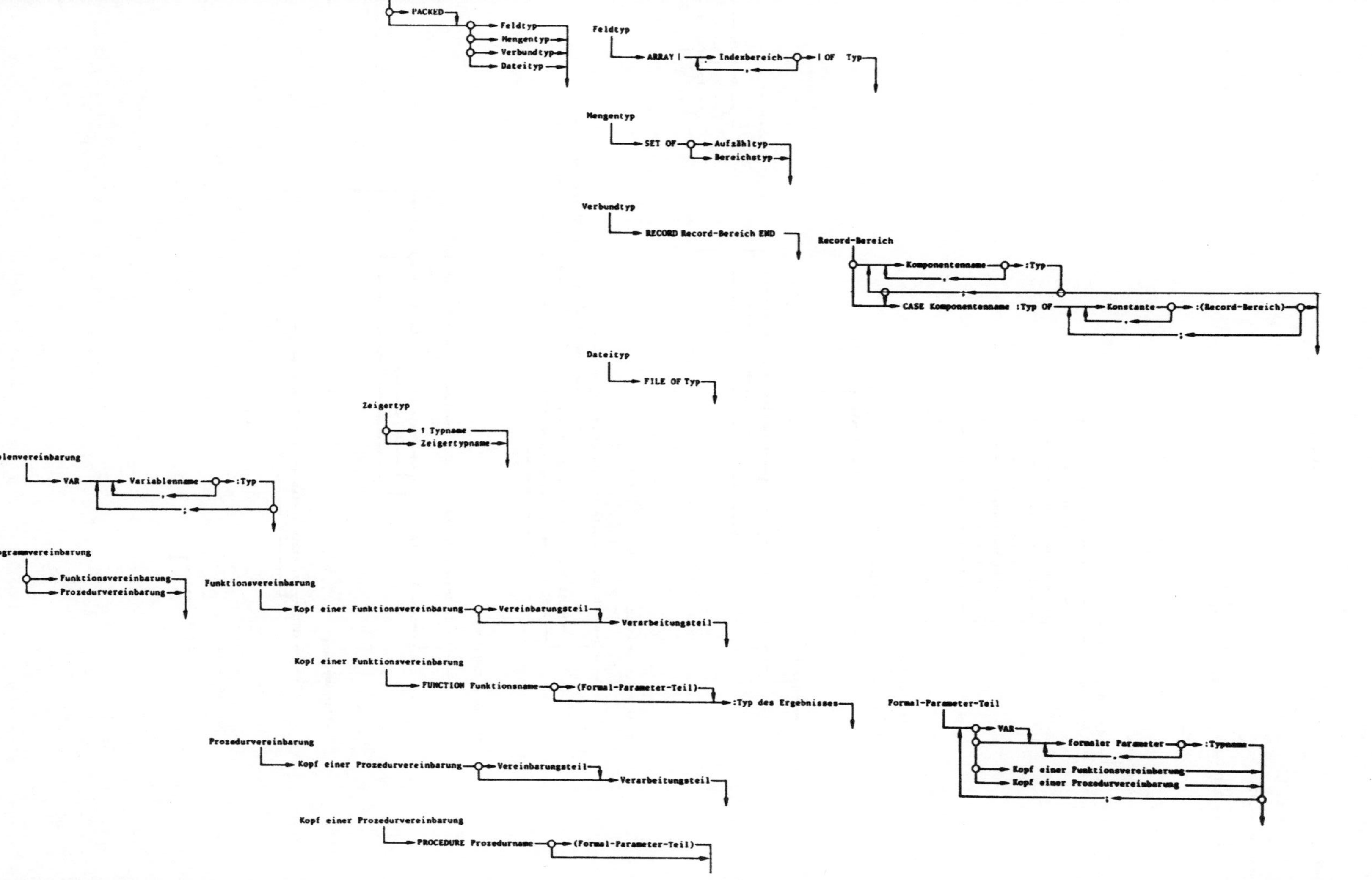

PACKED
Feldtyp
Mengentyp
Verbundtyp
Dateityp
Feldtyp
ARRAY I Indexbereich I OF Typ
Mengentyp
SET OF Aufzähltyp
Bereichstyp
Verbundtyp
RECORD Record-Bereich END
Record-Bereich
Komponentenname :Typ
CASE Komponentenname :Typ OF Konstante :(Record-Bereich)
Dateityp
FILE OF Typ
Zeigertyp
1 Typname
Zeigertypname
Variablenvereinbarung
VAR Variablenname :Typ
terprogrammvereinbarung
Funktionsvereinbarung
Prozedurvereinbarung
Funktionsvereinbarung
Kopf einer Funktionsvereinbarung Vereinbarungsteil
Verarbeitungsteil
Kopf einer Funktionsvereinbarung
FUNCTION Funktionsname (Formal-Parameter-Teil) :Typ des Ergebnisses
Prozedurvereinbarung
Kopf einer Prozedurvereinbarung Vereinbarungsteil
Verarbeitungsteil
Kopf einer Prozedurvereinbarung
PROCEDURE Prozedurname (Formal-Parameter-Teil)
Formal-Parameter-Teil
VAR formaler Parameter :Typname
Kopf einer Funktionsvereinbarung
Kopf einer Prozedurvereinbarung

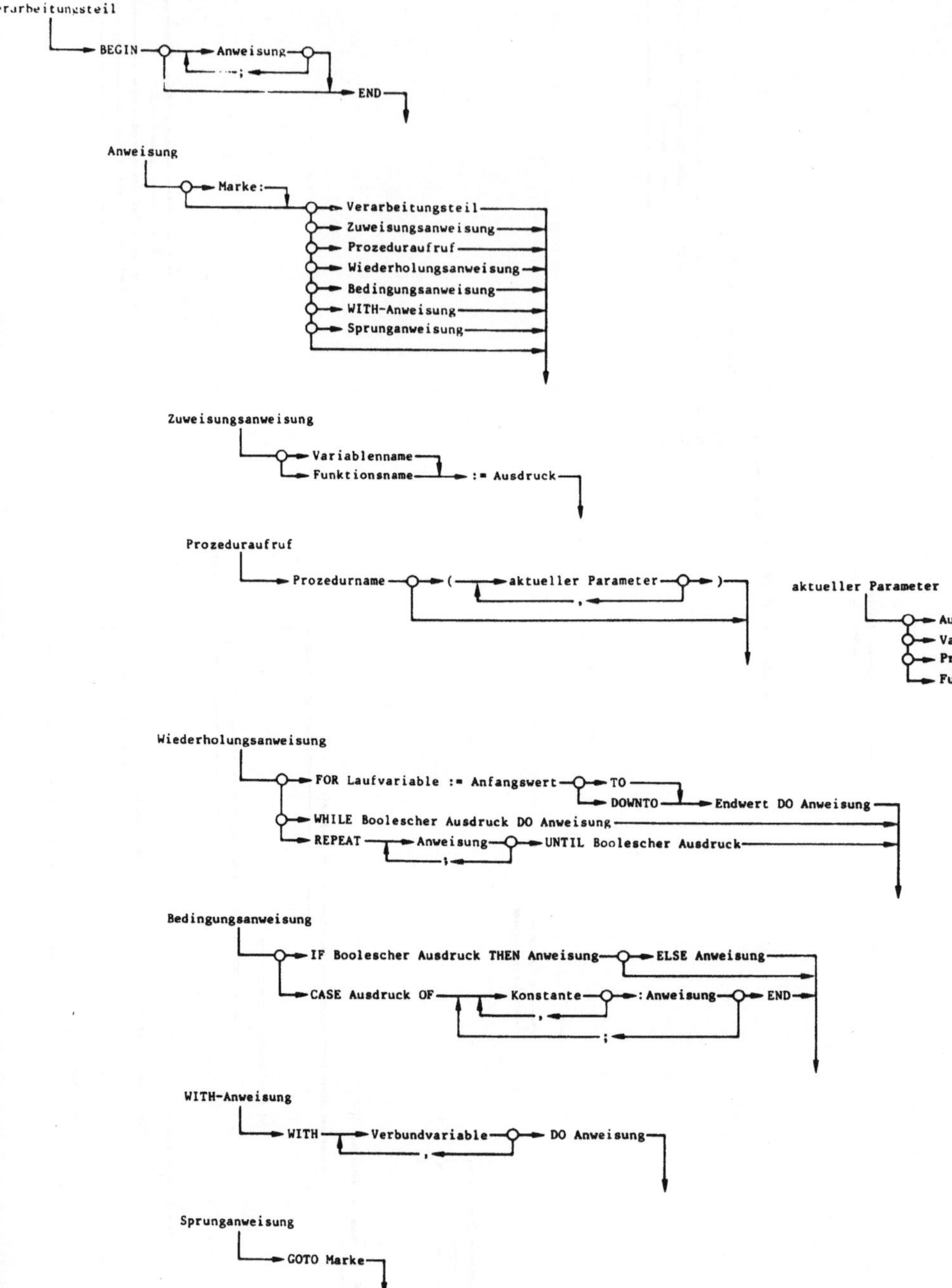

Verarbeitungsteil
BEGIN Anweisung ; END
Anweisung
Marke:
Verarbeitungsteil
Zuweisungsanweisung
Prozeduraufruf
Wiederholungsanweisung
Bedingungsanweisung
WITH-Anweisung
Sprunganweisung
Zuweisungsanweisung
Variablenname
Funktionsname := Ausdruck
Prozeduraufruf
Prozedurname (aktueller Parameter ,)
aktueller Parameter
Ausdruck
Variable
Prozedurname
Funktionsname
Wiederholungsanweisung
FOR Laufvariable := Anfangswert TO DOWNTO Endwert DO Anweisung
WHILE Boolescher Ausdruck DO Anweisung
REPEAT Anweisung ; UNTIL Boolescher Ausdruck
Bedingungsanweisung
IF Boolescher Ausdruck THEN Anweisung ELSE Anweisung
CASE Ausdruck OF Konstante , : Anweisung ; END
WITH-Anweisung
WITH Verbundvariable , DO Anweisung
Sprunganweisung
GOTO Marke

G Allgemeine Programmierregeln

I Zunächst einmal muß man festhalten, daß es der Rechenanlage "völlig gleich-
gültig" ist, wie ein Programm zustandegekommen ist und ebenso, ob es übersichtlich gestaltet ist oder nicht. Hinzu kommt, daß jeder Programmierer
unter dem, was übersichtlich ist, etwas anderes versteht. Deshalb können die
von uns anschließend aufgeführten Regeln nur Empfehlungen sein, die folgende
Ziele im Auge haben:

- Der Lösungsweg soll nachvollziehbar bleiben
  (sowohl einer fremden Person als auch dem Programmierer nach
  einer gewissen Zeitspanne).

- Das Programm soll leicht lesbar und leicht änderbar sein.

- Es soll möglich sein, daß gleichzeitig mehrere Programmierer an
  einem gemeinsamen Programm arbeiten (Definition von Teilprojekten).

- Je nach Anwendungsfall kann es erforderlich sein, das Programm auf eine
  andere Rechenanlage zu übertragen.

Selbstverständlich wird man bei kleinen Programmen ("Testprogramme") auf
die nachfolgenden Empfehlungen verzichten können, bei umfangreicheren
Aufgabenstellungen jedoch nicht. Da man das Programmieren lernt, um einen
Rechner einmal bei einer größeren Aufgabenstellung einzusetzen, sollte man
sich frühzeitig an den nachfolgenden Empfehlungen orientieren.

1. Definition der Aufgabe

Die Aufgabe sollte so genau und umfassend wie möglich beschrieben werden.
Es sind u.U. Teilaufgaben zu beschreiben und es ist ein allgemeiner
zeitlicher Rahmen vorzusehen.

2. Analyse des Problems

Auf der Grundlage der Aufgabenstellung ist der Lösungsweg zu formulieren.
- Es ist zu prüfen, ob und wie weit man auf bereits bestehende Lösungs-
  verfahren (z.B. Standardprogramme) zurückgreifen kann.

- Es sind Teilaufgaben abzugrenzen und ihre Berührungspunkte untereinander
  festzulegen.

- Es ist der zeitliche Rahmen für die Bewältigung der Einzelaufgaben
  genauer zu spezifizieren.

- In Bezug auf die Rechneranwendung sind Programmvorgaben und Datenflußpläne zu erarbeiten.

- Es werden Testdaten festgelegt.

- Das Ergebnis der Problemanalyse ist einer kritischen Überprüfung zu
  unterziehen.

3. Programmentwicklung

- Auf der Grundlage der Programmvorgaben (und im kommerziellen Bereich
  erforderlich: der Datenflußpläne) werden die einzelnen Programme in der
  benutzten Programmiersprache entwickelt. Erforderliche Abweichung von
  der Programmvorgabe müssen peinlich dokumentiert und auf Konsequenzen zu
  andere Teilaufgaben hin überprüft werden.

- Die Programme für die Teilaufgaben werden anhand der vorher festgelegten
  Testdaten überprüft. Die Programme werden dokumentiert.

- Sind die Teilaufgaben korrekt gelöst, werden (Teil-) Programme zu einem
  Integrationstest zusammengestellt, d.h. einem Test, der alle Komponenten
  des Programmsystems gemeinsam umfaßt.

- Erst dann, wenn der Integrationstest fehlerfrei absolviert wurde, darf
  das Programm (-system) an die "Produktion" z.B. in Form des Objektcodes
  übergeben werden.

- Aus Sicherheitsgründen sind mehrere Kopien des Programms und der Dokumentation
  anzufertigen. (Zugangsberechtigung festlegen).

4. Programmpflege

Für die spätere Programmpflege sind alle Unterlagen zusammenzustellen.

II Für die Entwicklung von (PASCAL-) Programmen möchten wir folgende
Empfehlungen geben.

1. Prinzipiell sollte man sich an den jeweiligen Sprachstandard halten und
   rechnerspezifische Abweichungen vermeiden.

2. Dort, wo man sich zwischen der Übersichtlichkeit eines Programms und seiner
   Effektivität (Bedarf an Arbeitsspeicher, Laufzeit des Programms) entscheiden
   muß, sollte man sich für die Übersichtlichkeit des Programms entscheiden.
   (Man kann nach der Fertigstellung des Programms eine zweite, effektivere
   Version erarbeiten).

3. Man sollte ein umfangreicheres Programm in einzelne, für sich abgeschlossene
   Unterprogramme aufteilen.

4. So weit erforderlich sollte man Kommentare in das Programm aufnehmen.
   Diese Kommentare sollten seitlich von den eigentlichen Anweisungen abgesetzt
   sein, um das Programm nicht unübersichtlicher werden zu lassen.

5. Um die Struktur des Programms leichter erkennen zu können, sollte man
   Anweisungen, die von derselben Bedingung abhängen, eingerückt in derselben
   Spalte beginnen lassen.

Sachwortverzeichnis

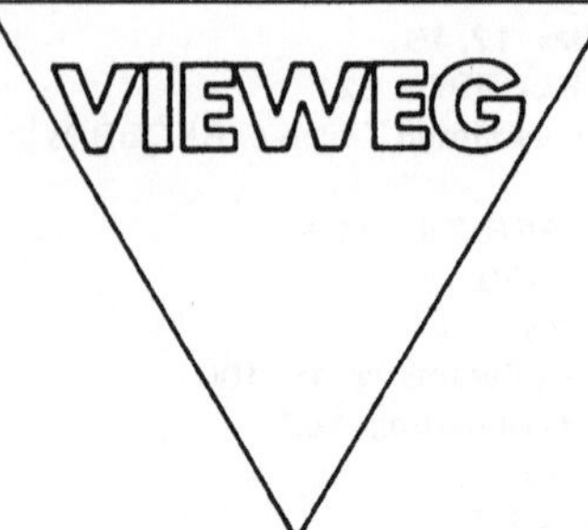

Karl-Heinz Becker und Michael Dörfler

Computergrafische Experimente mit Pascal-Simulation
von Dynamischen Systemen

1986. Ca. 250 S. mit zahlr. Abb. 16,2 X 22,9 cm. Kart.

<u>Inhalt:</u> Forscher entdecken das Chaos — Computergrafische Experimente, was ist das? — Aus Ordnung wird Chaos — Begegnung mit dem Apfelmännchen — Schritt für Schritt in das Chaos — Pascal und die Apfelmännchen — Kurzüberblick über das UCSD-System — Kochrezepte für die Pascalprogrammierung — Bausteine für grafische Experimente.

Das Buch wendet sich an alle, die über ein Computersystem verfügen und Spaß am Experimentieren mit Computergrafiken haben. Die verwendeten mathematischen Formeln sind so einfach, daß sie leicht verstanden und auf einfache Weise benutzt werden können. Dabei wird der Leser mit einem Grenzgebiet aktueller, wissenschaftlicher Forschung bekannt gemacht, in dem ohne Computereinsatz und grafische Datenverarbeitung kaum eine Erkenntnisgewinnung möglich wäre.

Das Buch gliedert sich in drei Teile:

Im ersten Teil leitet eine große Zahl von Aufgaben zu eigenem experimentellen Arbeiten und selbständigem Lernen an. Im zweiten Teil werden die wichtigsten Informationen zur Benutzung des UCSD-Pascal vermittelt und im dritten Teil werden die Bausteine angegeben, mit deren Hilfe eigene computergrafische Experimente durchgeführt werden können. Die Angaben im zweiten und dritten Teil beziehen sich auf die Apple Pascal Version 1.1 des UCSD-Pascal-Systems, das auf dem Apple II und allen applekompatiblen Rechnern läuft, Implementierungen auf anderen UCSD-Rechnern (IBM PC) können geringfügig abweichen.